코스맥스에게는 경쟁사가 없다.
파트너만 있을 뿐이다.

K-Beauty
같이 꿈을 꾸고 싶다

코스맥스, 이경수 지음

코스맥스

1992년 설립된 글로벌 화장품 ODM 1위 기업. 로레알·에스티로더 등 4,500여 개 브랜드와 협업하며 전 세계 25개 공장에서 연간 약 33억 개의 화장품 생산능력을 갖추고 있다. 창업 이후 30여 년간 연평균성장률 30% 이상 초고속 성장을 달성하고 있는 글로벌 화장품 연구개발, 생산 전문기업이다. 중국·미국·동남아시아를 비롯하여 전 세계 7개 R&I 센터의 뛰어난 기술력을 바탕으로 K-뷰티의 글로벌 확산에 기여하였으며, 최근에는 20여 개가 넘는 매출 1천 억 원 이상 메가 인디브랜드의 글로벌 진출과 성장을 뒷받침하고 있다. 2015년부터 전 세계 화장품 ODM 1위 기업으로 발돋움하였고, 현재까지 10년간 1위를 유지하고 있다. 지속적인 디지털 혁신을 기반으로 K-뷰티의 혁신을 이끌며, 개인 맞춤형 화장품 시대를 준비하는 뷰티 종합 서비스 기업으로 진화 중이다.

이경수 회장

코스맥스를 글로벌 1위 화장품 ODM 기업으로 성장시켜 온 창업자이자 리더이다. 1970년 서울대학교 약학대학을 졸업하고 동아제약, 대웅제약 등 한국의 대표 제약 기업을 거쳐 1992년 코스맥스를 창립했다. 글로벌 뷰티 산업의 선구자이자 K-뷰티의 지평을 세계 무대로 확장하는 데 기여한 공로에 힘입어 2010년 무역의 날 대통령 표창 수상, 2015년 은탑산업훈장 수상, 2024년 무역의 날 2억 달러 수출의 탑 수상 등 수많은 상과 표창을 수상했다. 1990년 서울대학교 경영대학원 최고경영자 과정을 수료했으며, 2008년 와튼-KMA 최고경영자 과정을 수료했다. 수년간 대한민국을 대표하는 100대 CEO에 이름을 올렸으며, 지금도 넘볼 수 없는 기술력과 품질로 글로벌 시장에서 한국 화장품의 저력을 보여주고 있다.

copyright ⓒ 2025, 코스맥스, 이경수
이 책은 한국경제신문 한경BP가 발행한 것으로
본사의 허락 없이 이 책의 일부 또는 전체를 복사하거나
전재하는 행위를 금합니다.

K Beauty

같이 꿈을 꾸고 싶다

코스맥스, 이경수 지음

· 추천사 ·

K-뷰티가 세계로 뻗어 나가는 길목마다 코스맥스가 있었습니다. 이 책은 단순한 기업의 성공기가 아니라, 한국 뷰티 산업이 세계 시장에서 자리잡기까지의 생생한 기록을 담고 있습니다. 같은 업계의 동료이자 후배로서, 코스맥스의 도전과 혁신에 깊은 존경을 보냅니다.

천주혁, 구다이글로벌 대표

유럽과 미국의 트렌드를 받아들이는 것이 당연했던 뷰티 산업 역사의 흐름 속에서, K-뷰티가 글로벌 리더 역할을 꿈꿀 수 있게 된 것은 정말 가슴 벅찬 일입니다. 이 혁신의 과정에서 거인처럼 이끌어온 코스맥스의 파이어니어 스토리를 만날 수 있어 반갑습니다. 비단 뷰티 산업 뿐 아니라, '바름, 아름, 다름'의 철학으로 '같이 해내는' 상생의 이상을 실현해 온 집념의 스토리이자, 한계를 뛰어넘어 '숨은 거인'을 꿈꾸는 모든 사람들에게 꼭 들려주고 싶은 이야기입니다.

김태욱, rom&nd, ㈜아이패밀리SC 대표

이 책은 한국의 뷰티 산업을 선도한 코스맥스의 도전과 혁신의 발자취를 통해, 기술과 비전이 어떻게 글로벌 기준을 만들어가는지를 잘 보여줍니다. 변화의 시대를 살아가는 청년들에게 산업과 사회를 바라보는 시야를 넓히고, 미래를 설계하는 데 의미 있는 통찰을 제공할 것입니다.

유홍림, 서울대학교 총장

세상에는 보이는 것과 보이지 않는 것이 있습니다. 보이는 것은 보이지 않는 것이 만듭니다. 아름다움도 보이는 것과 보이지 않는 것이 있습니다. 모두가 스스로의 아름다움을 추구하지만 보이지 않는 곳에서 인간의 아름다움을 돕는 기업이 있습니다. 우주의 아름다움, 세상의 아름다움, 인류의 아름다움을 위해 30여 년을 한결같이 달려온 글로벌 뷰티 기업 코스맥스의 진정한 아름다움이 무엇인지를 이 책을 통해 느낄 수 있어 좋았습니다. 모두의 아름다움을 향한 코스맥스의 무한 여정이 참 아름답습니다.

신태균, KAIST 겸직 교수, 전 삼성인력개발원 부원장

I have had the great privilege of personally knowing Chairman Lee and COSMAX for over 20 years.

COSMAX's profound leadership in the Asian market, coupled with their exceptional scientific expertise and creative, consumer-centric approach, makes them an invaluable partner for L'Oreal to deliver.

Korean Beauty inspired innovations. We are incredibly excited to further develop our common ambition on some specific categories of make-up and skincare, leveraging their innovative spirit and expansive operational capabilities, to address all market needs across diverse geographies.

Together, we are committed to delivering cutting-edge solutions with unparalleled speed and agility, shaping the future of beauty.

Our trust and respect for Chairman Lee and now his sons, combined with our historical partnership, will nourish our joined sustainable future.

저는 지난 20년간 이 회장님과 코스맥스를 개인적으로 알고 지내왔던 것을 큰 영광으로 생각합니다.

코스맥스는 탁월한 과학적 전문성과 창의성 및 소비자 중심의 접근 방식으로 아시아 시장을 이끌고 있으며, 로레알이 K-뷰티에서 영감을 받은 혁신을 실현하는 데 있어 없어서는 안 될 소중한 파트너가 되어주고 있습니다.

우리는 메이크업과 스킨케어의 특정 카테고리에서 '같은 꿈(Common Ambition)'을 더욱 확장하는 것을 매우 기대하고 있으며, 코스맥스의 혁신적인 정신과 우수한 운영 역량을 바탕으로 다양한 지역 시장의 니즈를 충족시켜나갈 것입니다.

코스맥스와 로레알은 앞으로도 유례없는 속도와 민첩성으로 최첨단 솔루션을 함께 만들어가며, 뷰티 산업의 미래를 이끌어갈 것입니다.

이 회장님과 이제는 그 뜻을 이어가는 두 아드님에 대한 깊은 신뢰와 존경, 그리고 오랜 파트너십은 지속 가능한 공동의 미래를 더욱 풍요롭게 만들어줄 것입니다.

　　바바라 라베르노스, 로레알 그룹 연구혁신 및 기술부문 수석 부사장

prologue

브랜드 없이
시장의 중심에 서다

2025년 현재 우리는 한국의 문화가 세계를 이끌어가는 시대를 살고 있다. 케이팝에서 출발한 한류는 대중문화, 예술, 패션, 식품에 이르기까지 비즈니스와 문화 전반에서 새로운 트렌드를 정의하는 위치에 올라섰다. 한국어를 사용해야 멋있어 보이고, 한국산 제품을 써야 트렌디해 보이는 세상이다.

"K-컬처는 동아시아와 동남아시아 시장에서 확장되어 세계 구석구석으로 스며든 문화적 초대형 거물이며, 불가항력적 매력을 가지고 있다."

2021년 11월 《뉴욕타임스》는 '한국은 어떻게 문화적 거물이 되었는가'라는 제목의 특집 기사에서 코리안 웨이브를 이렇게 설명했다.

이 기사가 게재되고 얼마 뒤인 2022년 9월 미국 공영 라디오인 내셔널 퍼블릭 라디오(NPR)에서는 '한국 문화는 어떻게 세계화되었는가'라는 제목으로 특집 방송을 편성했다. 내셔널 퍼블릭 라디오는 "K-뷰티가 글로벌 미美의 기준을 정의하고 있다"라는 강렬한 문구로 한류 가운데서도 특히 K-뷰티의 영향력과 위상에 주목했다.

이러한 외신의 찬사는 단순한 수사적 표현이 아니다. 불가항력적 매력을 가진 K-뷰티가 글로벌 미의 기준을 새롭게 정의하고, 전 세계 뷰티 시장에 막대한 영향을 미치고 있다는 증거는 세계 도처에서 발견된다. 해외 유명 뷰티 인플루언서가 한국의 쿠션 파운데이션(쿠션)을 소개하는 영상이 6,300만 뷰를 기록하며 화제가 되기도 했다. 유튜브 채널 '미스달시MissDarcei'를 운영하는 이 인플루언서는 본인 피부색에 맞는 쿠션을 드디어 찾았다며 빨강 케이스의 제품을 소개했다. 바로 K-뷰티 브랜드 티르티르의 '마스크 핏 레드 쿠션'이다. 많아야 다섯 가지 색상으로 판매되는 기존 쿠션과 달리 무려 45가지 색상으로 출시된 이 제품은 미스달시 채널을 타고 2024년 4월 아마존의 파운데이션 카테고리에서 1위를 거머쥔 데 이어 6월에는 뷰티 제품 전체에서 1위를 차지하는 기염을 토했다.

티르티르를 세계적인 브랜드로 자리매김하게 한 성공 스토리에는 몇 가지 흥미로운 이야깃거리가 숨겨져 있다. 미스달시가 "오 마이 갓!"을 외치며 레드 쿠션에 환호하기 두 달 전엔 상황이 180도 달랐다. 미스달시는 '한국 파운데이션 중 가장 어두운 색'이라는 썸네일의 쇼츠로 레드 쿠션 사용기를 올렸는데, 흑인인 그에게는 쿠션의 색상이 너무 밝았다. 그가 실망하는 영상을 본 티르티르는 두 달 만에 20가지 색상의 샘플을 만들어 보냈고, 결국 미스달시를 만족시키면서 상황은 반전됐다. 이 사건을 계기로 티르티르는 한국과 일본 시장에 이어 세계 최대 화장품 시장인 미국에서 우뚝 설 수 있었다.

프롤로그

화장품 업계 종사자들은 알겠지만, 색조 제품의 색상을 늘리는 건 쉬운 일이 아니다. 색소만 바꾼다고 해결되는 일이 아니기 때문이다. 색소가 달라지면 성분 조성이 달라져야 하기 때문에 신제품을 개발하는 정도의 시간이 필요하다. 그렇다면 티르티르는 어떻게 두 달 만에 20종의 샘플을 완성할 수 있었을까?

K-뷰티의 혁신이 전 세계 소비자들에 닿기까지 거처야 할 관문이 있다. 브랜드를 대신해 제품을 개발하고 생산해 주는 든든한 지원자 ODM(제조자 개발 주문 생산) 기업이다. 티르티르의 성공 사례는 수많은 K-뷰티 신화의 일례일 뿐이다. '한방 뷰티' 콘셉트로 아마존을 비롯한 대형 마켓플레이스에서 모셔 가는 VIP 셀러 조선미녀, 클렌징 제품으로 미국을 사로잡은 마녀공장, 패션 기업에서 뷰티 기업으로 성공적으로 변신한 스타일난다, 까다로운 일본 시장을 접수한 롬앤에 이르기까지 창업 스토리와 주력 품목은 제각각이지만 이들에겐 공통점이 있다. 모두 코스맥스의 파트너사다.

이 기업들은 자체 생산시설을 보유하고 있지 않다. R&D 조직이 없는 기업도 있다. ODM 기업이 든든하게 버티고 있으니 연구개발과 생산에서 자유로워진 브랜드는 아이디어와 마케팅에만 집중하면 된다. 아이디어만 있으면 얼마든지 화장품 시장에 뛰어들 수 있는 인프라를 갖춘 나라가 바로 대한민국이다. 이것이 티르티르가 쿠션 20종을 두 달 만에 완성한 비결이다.

코스맥스는 30년 넘게 화장품 브랜드를 대신해 기술을 개발하고 제품을 생산해 왔다. K-뷰티의 반짝이는 아이디어는 코스맥스의 수준 높은 기술력과 생산 능력을 등에 업고 완성돼 전 세계로 팔려나간다.

전 세계가 한국 화장품에 열광하는 것은 가격이 싸서도, 케이팝 스타가 모델이어서도 아니다. 다른 나라의 제품보다 품질이 좋아서다. 단지 품질만 좋은 게 아니다. 소비자들에게 새로운 경험을 제공한다. 스펀지에 파운데이션을 머금게 해 간편한 메이크업을 가능하게 해주는 쿠션 파운데이션, 화장품을 손에 묻히지 않고도 스킨케어를 가능케 해준 스틱형 멀티밤, 피부에 가볍게 밀착되면서 사용감까지 차별화한 젤 타입 블러셔, 가루 타입과 달리 날림 현상 없이 반짝이는 효과를 극대화한 액상 글리터 등 수많은 혁신이 코스맥스에서 탄생했다.

더욱 놀라운 것은 서로 경쟁 관계인 수많은 브랜드가 코스맥스를 선택한다는 점이다. 한국 화장품 시장은 브랜드 수가 많고 경쟁이 치열해 단순한 차별화만으로는 살아남기 어렵다. 경쟁이 심한 만큼 새로운 제형, 새로운 기능, 새로운 사용법을 제안해야만 소비자의 선택을 받을 수 있다. 브랜드는 소비자들의 숨은 니즈를 빠르게 찾아내고, 그것을 바탕으로 새로운 카테고리를 창출하는 능력을 발휘해야만 시장에서 살아남을 수 있다. 그들에게 필요한 존재가 바로 코스맥스와 같은 ODM 기업이다.

창업 1년여 만인 1994년에 첫 제품 나드리 '이노센스 트윈케이크'를 생산한 이후 30여 년간 코스맥스는 K-뷰티 브랜드들과 함께 역사를 써왔다. 국내 화장품 시장에 일대 혁신을 몰고 왔던 원브랜드숍과 함께 한국 화장품의 수준을 한 단계 높였고, 누구보다 먼저 중국 시장에 진출해 K-뷰티의 글로벌화를 주도했다. 지금 한국 화장품의 글로벌화를 이끄는 인디 브랜드의 후원자로서도 충실히 역할을 해내고 있다. K-뷰티의 '판'이 바뀔 때마다 그 뒤에는 언제나 코스맥스가 있었다. 그리고 지금도 혁신적인 제형과 성분의 화장품이 코스맥스 연구소에서 매일 쏟아지고 있다. 숨 쉬듯이 혁신. 이것이 코스맥스가 브랜드 없이도 글로벌 뷰티 시장의 중심에 선 이유다.

히트 상품과 스타 기업을 수도 없이 만들어냈음에도 왜 코스맥스만의 브랜드를 만들지 않느냐고 사람들은 묻는다. 30여 년 전이나 지금이나 그 물음에 대한 코스맥스의 답은 한결같다.

"우리에게 경쟁사는 없다. 파트너만 있을 뿐이다."

코스맥스는 이름이 알려지는 것보다 중요한 것이 업의 본질이라고 믿는다. 우동집 사장에겐 속을 든든하게 채워줄 뜨끈한 우동 한 그릇을 손님에게 내놓는 것이 업의 본질이고, 제약사의 존재 가치는 인류를 질병에서 구원할 약을 개발해 아픈 사람을 살리는 데 있다. K-뷰티의 중심이자 한류의 중심인 코스맥스의 존재가치는 인류를 더 아름답게 하는 데 있다. 그러기 위해선 우리의 파트너사들이 성공해야 한다고 믿는다.

그런 의미에서 코스맥스의 지난 33년 여정을 풀어놓은 이 책은 단순한 기업의 성공 스토리가 아니라 K-뷰티의 성장사이자 미래 비전에 관한 이야기다. 브랜드 없이도 시장의 중심에 우뚝 선 코스맥스처럼 업의 본질에 충실하다면 누구나 자신의 분야에서 주인공이 될 수 있다는 사실을 코스맥스의 지난 여정을 통해 확인하기를 바란다.

코스맥스가 글로벌 화장품 시장의 중심에 서기까지 수많은 동행이 있었다. 코스맥스를 거쳐 간 전·현직 직원들, 번뜩이는 아이디어로 영감을 불어넣어준 수많은 고객사, K-뷰티의 성장을 뒤에서 묵묵히 지원해 준 원부자재, 소재 기업들, 그리고 까다롭지만 세계 어느 나라 국민보다 아름다운 한국의 소비자들까지. 코스맥스가 K-뷰티의 다음 물결을 준비하며 앞으로 나아갈 수 있는 것도 이들이 있어서다.

이 책은 K-뷰티를 세상의 중심으로 이끈 '보이지 않는 세계화'

프롤로그

의 주역 코스맥스의 감춰지지 않는 자부심에 관한 이야기이자, 다시 떠오를 내일의 해를 기다리며 코스맥스 구성원들이 가슴에 품은 아름다운 꿈에 관한 이야기다. 그리고 그 꿈은 코스맥스만의 것이 아니다. 고객과 함께, 파트너들과 함께 '같은 꿈'을 꾸고 싶다는 간절한 바람이다. 코스맥스의 여정은 늘 타인의 성공을 돕는 것이었고, 앞으로도 그럴 것이다.

그런 의미에서 이 책은 이름을 드러내지 않고 세상의 판을 바꿔왔던 숨은 주인공들의 이야기이기도 하다. 영화 속 히어로들의 꿈이 오늘보다 더 평화로운 내일이라면, 코스맥스가 꿈꾸는 내일은 오늘보다 더 아름다워진 세상이다. 그래서 조금이라도 더 좋은 효능의 원료를 찾아내기 위해 연구원들은 연구실의 불을 밝히고, 처방대로 한 치의 오차도 없이 제품을 생산하기 위해 생산 현장의 직원들은 긴장을 늦추지 않는다. 전 세계를 안방처럼 누비는 영업부 직원들은 고객사의 요구 사항을 하나라도 놓칠세라 언제나 귀를 활짝 열어놓고 있다.

2025년 9월
저자 일동

contents

008 Prologue
브랜드 없이 시장의 중심에 서다

PART 1
코스맥스만이 하는 일

- 021 혁신의 심장부에서 K-뷰티를 외치다
- 029 브랜드는 달라도 제조사는 하나
- 039 BTS, 코스맥스, 오징어 게임
- 049 코스맥스의 중심은 고객

PART 2
기반을 세우다 코스맥스 1.0

- 063 원브랜드숍이 몰고 온 변화
- 069 ODM 전성시대의 개막
- 075 위기를 기회로! 준비된 성공
- 085 세계 최고 연구소의 꿈

PART 4
함께 나아가다
코스맥스 3.0

- 187 진격의 인디 브랜드
- 194 인디 브랜드의 성공 비결
- 200 빠를수록 아름답다! K-뷰티의 속도 미학
- 208 인디 브랜드 뒤의 숨은 주인공
- 221 히트작 탄생의 비밀
- 230 경계를 허문 개방과 상생, 그리고 연결
- 241 글로벌 뷰티 기술의 중심으로
- 249 성큼 다가온 개인 맞춤형 화장품 시대
- 258 소비자의 시대, 제조에서 서비스로
- 265 K-뷰티 넥스트 10년 플랜
- 273 네 번째 파도를 준비하며

278 Epillogue
Yes, You!
이제 당신이 주인공이다

288 Beautify the World with COSMAX
코스맥스가 기록한
도전과 혁신의 연대기

- 290 참고 문헌

PART 3
시장을 넓히다
코스맥스 2.0

- 101 중국에서 엇갈린 운명
- 108 상하이에서 시작된 코스맥스의 질주
- 117 신뢰를 만드는 숨은 1cm
- 128 위기에서 빛난 신뢰의 힘
- 137 100조 중국 시장 1위의 비결
- 143 중국을 넘어 아시아로, K-뷰티의 영토 확장
- 157 뷰티 강국 일본과 미국의 문턱을 허문 집념
- 169 코스맥스 현지화의 세 가지 원칙

PART 1

코스맥스만이
COSMAX
하는 일

불가항력적 매력을 가진 K-뷰티가

글로벌 미의 기준을 새롭게 정의하고

전 세계 뷰티 관행에 막대한 영향을 미치고 있다.

그 중심에 굳건하게 서서

K-뷰티의 심장을 뛰게 하는

코스맥스는

K-뷰티의 성공 스토리를 이어 나갈

원동력이자 자부심이다.

혁신의 심장부에서
K-뷰티를 외치다

    2025년 1월 10일 오후, 미국 실리콘밸리 레드우드시티 폭스 극장은 젊은 창업가들의 열기로 가득 차 있었다. 전 세계인의 관심이 쏠린 CES 2025^{Consumer Electronics Show 2025} 폐막일이기도 한 이날, 혁신의 심장부에서 열린 'UKF 82^{United Korean Founders 82} 스타트업 서밋 2025'에는 전 세계 한인 창업자와 글로벌 투자자들이 대거 운집했다. 극장 안을 가득 메운 1,400여 명의 청중은 오후 행사의 첫 포문을 열 기조연설자를 기다리며 숨을 죽였다. 마침내 무거운 정적을 깨고 한 연설자가 무대 중앙으로 천천히 걸어 올라갔다. 코스맥스의 창업주 이경수 회장이다. 이경수 회장은 무대에 서서 천천히 호흡을 가다듬었다. 직원들

'UKF 82 스타트업 서밋 2025'에서 기조연설자로 나선 이경수 회장

을 대상으로 한 회사 내부 강연은 물론이고 외부 강연을 숱하게 해왔던 그였지만 이번만은 긴장감을 쉬이 떨쳐내지 못했다. K-뷰티를 대표해 연설하는 이 자리가 결코 가볍지 않다는 것을 그는 잘 알고 있었다.

　UKF 행사는 한국과 미국의 스타트업 생태계를 연결하는 명실상부의 최대 행사로 글로벌 스타트업과 투자자들이 한자리에 모여 미래 산업의 흐름을 논의하는 자리다. 이경수 회장의 뒤를 이어 뇌과학, 양자컴퓨터와 같은 최첨단 산업 분야의 쟁쟁한 인사들이 연설자로 나서는 이 자리에서 화장품 기업의 회장이 기조연설자로 나섰다는 것은 자못 의미심장하다. 이것은 K-뷰티가 일시적인 유행을 넘어 글로벌 산업의 중심축으로 자리 잡았음을 의미한다.

코스맥스만이 하는 일

30여 년간 화장품 외길을 걸었던 이경수 회장은 자신의 연설이 한국 화장품 산업의 위상을 증명하는 일임을 잘 알고 있었다. 한때 외국 브랜드의 제품을 모방하는 수준에 머물렀던 한국 화장품이 이제는 뷰티 트렌드를 선도하며 글로벌 시장을 움직이고 있다는 점을 20분이라는 짧은 시간에 설명해야 했다. 객석을 한 차례 둘러보며 마음을 가다듬은 이경수 회장은 특유의 차분하고 부드러운 어조로 연설을 이어갔다.

"한국 화장품 수출액이 2024년도에 100억 달러를 돌파했습니다. 이 중 코스맥스가 직접 수출하거나 고객사를 통한 간접 수출을 합치면 26% 정도가 됩니다. 코스맥스 코리아의 2024년 매출액의 60% 이상이 수출에서 나온 결과입니다."

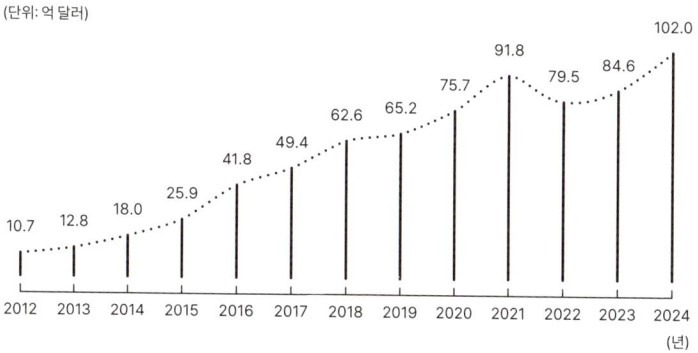

대한민국 화장품 수출 성장 추이
(단위: 억 달러)

년도	2012	2013	2014	2015	2016	2017	2018	2019	2020	2021	2022	2023	2024
금액	10.7	12.8	18.0	25.9	41.8	49.4	62.6	65.2	75.7	91.8	79.5	84.6	102.0

※ 제공: 식품의약품안전처

순간, 객석 여기저기서 작은 탄성이 터져 나왔다. 100억 달러, 26%, 5억 2,000만 개. 압도적인 숫자가 무대 위에서 울려 퍼졌다. 글로벌 화장품 시장에서 한국 화장품 산업의 위상을 증명하는 숫자이자 글로벌 화장품 ODM 1위 기업 코스맥스의 존재감을 보여주는 숫자다.

아모레퍼시픽이나 LG생활건강처럼 이름이 잘 알려진 기업이 아니라 한국인에게도 낯선 코스맥스의 이경수 회장이 K-뷰티 산업의 대표 자격으로 실리콘밸리 한복판에서 기조연설을 할 수 있었던 이유는 뭘까? 코스맥스는 브랜드를 가진 회사는 아니지만 전 세계 4,500개 이상의 브랜드와 협업하며 연간 약 33억 개의 화장품 생산 능력을 보유한 글로벌 ODM 기업이다. 한국을 넘어 미국, 중국, 일본, 동남아시아 시장까지 아우르는 거대한 네트워크를 구축했고, 2015년 세계 1위 화장품 ODM 기업으로 올라선 이후 단 한 번도 그 타이틀을 놓치지 않았다. 2024년 기준 글로벌 화장품 업계 상위 20개 회사 중 16개와 거래하고 있으며, 전 세계 화장품 시장에 혁신을 불어넣고 있는 스타트업이 대거 포진한 K-뷰티 인디 브랜드의 후원자 역할도 톡톡히 하고 있다.

인디 브랜드의 인디^{indie}는 '인디펜던트^{independent}(독립적인)'의 줄임말로, 주로 음악, 영화, 출판 분야에서 대기업이나 주요 레이블, 스튜디오와 관계없이 독립적으로 활동하는 아티스트나 작품을 의미하는 용어다. 인디 브랜드는 대기업에 속하지 않고 독립적이고 혁신적인 방식으로 제품을 개발하거나 마케팅하는 기업을 의미하며, 패션, 뷰티, 기술 등 다양한 분야에서 사용되고 있다.

화장품 업계에서 인디 브랜드는 고유한 아이덴티티와 창의성을 중요시하며, 대중적인 소비자층보다는 특정 니치 시장niche market을 겨냥해 대기업과는 차별화된 철학과 스토리를 내세우며 성장하고 있다. 특히 이들은 지속 가능성, 윤리적 소비, 개인화된 경험 등을 강조하며 디지털 플랫폼과 소셜 미디어를 통해 소비자와 밀접하게 소통하는 것이 특징이다. 대기업과 같은 강력한 오프라인 유통망을 갖고 있지 않고도 온라인 채널을 활용해 빠르게 성장하고 있다는 측면에서 인디 브랜드는 대기업을 위협하는 존재로 대두되고 있다.

코스맥스와 손을 잡고 1,000억 원 이상 매출을 올리고 있는 인디 브랜드는 2024년 기준으로 24곳에 이른다. '꿈은 오직 최고의 파트너'라는 대명제를 가슴에 품고 1992년 창업 이후 연구개발 열정을 불태운 코스맥스의 성과는 결코 우연이나 행운이 아니었다. 이날의 연설로 이경수 회장은 그 사실을 다시 한 번 증명했다.

실리콘밸리에 울려 퍼진
K-뷰티의 비전

"한때 한국의 화장품 산업은 프랑스, 일본, 미국의 뒤를 쫓는 추격자의 입장이었습니다. 하지만 지금은 다릅니다. K-뷰티는 이제 전 세계 미의 기준이 되었습니다. 전 세계인이 한국인의 피부를 닮고 싶어 하고 한국인의 화장법을 배우고 싶어 합니다. 여러분, 2012년엔 〈강남 스타일〉이었다면, 이제는 'K-스타일' 또는 '한국 스타일'이라고 해야 맞지 않겠습니까?"

장내 여기저기서 웃음이 터져 나왔다. 이경수 회장은 한 박자 쉬며 극장 안을 찬찬히 둘러보았다. 이곳에 앉아 있는 창업자들과 투자자들 역시 자신의 분야에서 변화를 만들어가고 있는 혁신의 주역들이다. 에너지로 충만한 그들의 얼굴을 보며 이경수 회장의 머릿속엔 지난 일들이 떠올랐다. 1992년 세 명의 창업 멤버들과 함께 작은 사무실에서 새로운 출발을 하며 성공을 다짐하던 순간, 공장 허가를 받지 못해 관공서를 쫓아다니며 애를 태우던 날들, 1994년 1월 첫 생산 이후 마련한 첫 자가 공장 앞에서 3년마다 하나씩 공장을 세우리라 꿈을 품었던 순간들이 파노라마처럼 스쳐 지나갔다.

젊은 혁신가들 앞에서 K-뷰티의 미래를 이야기하는 이경수 회장의 목소리에 더욱 힘이 들어갔다.

"화장품 시장은 공급자 중심에서 소비자 중심 시장으로 변화하고 있습니다. 이제 코스맥스가 향하는 곳은 데이터와 AI 기반의 초개인화 맞춤형 화장품입니다."

연설은 예정된 20분을 훌쩍 넘기고 있었다. 이날 오후 연설에선 수많은 연설자의 마이크가 중간에 꺼졌다. 정해진 연설 시간을 초과하면 마이크를 강제로 차단하는 규칙을 적용했기 때문이다. 하지만 이경수 회장만은 예외였다. 정해진 시간을 6분이나 넘겼지만 아무도 그의 마이크를 끄지 않았다. 여든의 나이에도 여전히 현업에서 뛰고 있는 기업가에 대한 경외이자 한국 화장품에 'K-뷰티'라는 명예로운 이름을 부여한 코스맥스에 대한 존중이었으리라. 청중들은 숨죽인 채 이경수 회장의 다음 이야기를 기다렸다.

"제가 제일 많이 받는 질문 중 하나가 'K-뷰티가 얼마나 갈까?'입니다. 여러분, K-뷰티의 시대는 끝난 것이 아닙니다. 오히려 이제부터가 진짜 시작입니다."

이 말이 끝나자마자 폭스극장 안은 뜨거운 박수로 가득 찼다. 이날의 연설은 단순한 성과 발표가 아니었다. 그것은 K-뷰티의 미래를 향한 코스맥스의 선언이었다. 그러나 이 짧은 26분의 연설에 모든 이야기를 담아내기엔 역부족이었다. 코스맥스가 걸어온 길은 단순한 성장의 기록이 아니다. 그것은 끝없는 도전과 혁신, 그리고 생존을 위한 사투의 연속이었다. 글로벌 시장이 한국 화장품을 주목하지 않던 시절부터 코스맥스는 묵묵히 연구개발에 매진했고, 단 한 순간도 좌절하거나 멈추지 않았다. 불가능해 보였던 해외 진출을 이뤄냈고, 수많은 위기를 뚫고 세계 시장 곳곳에 코스맥스의 깃발을 꽂았다. 그렇게 2015년 세계 1위의 자리에 올랐다.

이미 정상에 오른 지금도 코스맥스는 멈추지 않는다. 세상은 시시각각 변하고, 소비자는 더욱 까다로워지며, 새로운 도전 과제는 끊임없이 밀려온다. K-뷰티가 전 세계 뷰티 산업의 흐름을 주도하는 하나의 거대한 흐름이 된 지금, 코스맥스는 급변하는 흐름 속에서도 중심을 잃지 않고 K-뷰티의 미래를 만들어가고자 한다. 그 치열했던 여정을, 아직 전하지 못한 이야기들을, 이 책에서 펼쳐 보이려 한다.

브랜드는 달라도
제조사는 하나

"그거 못 보던 건데, 어느 브랜드 거야?"

식사가 마무리되고 자리를 옮기기 직전 네 명의 젊은 여성은 각자 화장을 고치느라 분주하다. 한 명이 화장품 파우치에서 녹색 케이스의 쿠션을 꺼내 들자 일제히 그녀에게 시선이 쏠렸다.

"기미를 옅게 해준다고 해서 사봤는데 일단 사용감은 좋아. 잡티 신경 쓰이면 이거 완전 강추!"

"오, 신기한데. 기미 쿠션이라니."

이야기를 듣고 있던 건너편 여성이 한눈에 봐도 케이스가 고급스러운 쿠션을 들어 보인다.

"난 이거 5년째 쓰고 있어. 인생 파데여서 그냥 이걸로 쭉 가려고."

"그거 비싼 거 아냐? 3개월마다 한 통씩 갈아치우는데 좀 부담될 거 같네. 난 올영 세일 때 이걸로 바꿔봤는데 가성비 갑이야. 올영 1위 쿠션이래. 난 당분간 이걸로 정착."

세 명이 각자의 제품을 품평하는 사이 잠자코 듣고만 있던 여성이 가방을 뒤적이기 시작한다. 그러자 누군가가 이렇게 묻는다.

"그런데 너 화장품 회사 다니잖아. 너희 회사에선 쿠션 안 만들어?"

가방에서 막 파우치를 꺼낸 여성은 테이블에 놓인 쿠션들을 차례차례 바라보며 무심하게 대답한다.

"이거 다 우리 회사에서 만든 거야."

"뭔 소리야. 이거 누구나 아는 해외 명품 브랜드 제품인데."

"안 믿기면 제품 뒷면을 봐."

말이 떨어지기가 무섭게 세 명은 일제히 제품을 뒤집어 확인했다. 3초간 정적이 흘렀다. 눈을 동그랗게 뜬 세 명의 시선은 화장품 회사에 다니는 친구가 이제 막 파우치에서 꺼낸 쿠션으로 쏠렸다.

코스맥스만이 하는 일

각색 한 꼬집 들어간 이야기이긴 해도 코스맥스 직원이라면 흔히 겪는 장면이다. 이야기 속의 코스맥스 직원은 친구들에게 여러 차례 자신이 코스맥스라는 회사에 다닌다는 사실을 이야기했겠지만, 친구들은 매번 흘려들었을 게 분명하다. 화장품 업계 종사자가 아닌 이상 코스맥스는 귀에 익지 않은 이름인 게 사실이다.

화장품에 관심이 많다면 이야기 속에 등장한 쿠션 제품의 브랜드 정도는 짐작할 수 있을 것이다. 아마도 가장 궁금증을 불러일으키는 건 코스맥스 직원이 꺼낸 쿠션의 브랜드겠지만, 그것은 비밀에 부쳐두기로 하자. 다만, 코스맥스에서 생산하고 있는 수백 종의 쿠션 가운데 하나라는 사실만은 분명하다. 그리고 한 가지 더. 누군가에겐 생소한 단어일 수도 있는 '파데'는 파운데이션의 줄임말, '올영'은 올리브영의 줄임말이다. 마지막으로 쿠션을 소파에 두는 인테리어 소품 정도로 알고 있을 대다수 남성 독자를 위해 그것이 스펀지에 파운데이션을 스며들게 해서 손에 묻히지 않고 바르도록 만든 기초 메이크업 제품이며, 현재 기초 메이크업 시장을 장악하고 있는 혁신적인 폼 팩터임을 밝혀둔다.

이야기가 너무 과장됐다고 생각된다면 지금이라도 당장 올리브영 쿠션 코너에 가서 이야기 속의 여성들처럼 제품 뒷면의 라벨을 확인해 보자. 단언컨대 아주 수월하게 코스맥스의 이름을 계속 발견하게 될 것이다. 비단 쿠션 한 품목에 국한한 이야기는 아니다. 화장품 쇼핑의 성지라 불리는 올리브영에서 판매되고 있는 제품의 3분의 1 이상이 코스맥스 공장에서 출하됐다.

어떻게 이런 일이 가능할까. 서로 경쟁 관계에 있는 브랜드의 제품을 어떻게 코스맥스에서 모두 개발하고 생산할 수 있을까. 이 질문에 답을 하기 위해선 화장품 업계에서 차지하고 있는 ODM의 위상과 역할에 대한 설명이 필요하다. 그리고 그것은 결국 K-뷰티가 왜 세계의 중심에 설 수 있었는지에 대한 가장 설득력 있는 설명이 될 것이다.

K-뷰티
혁신 생태계의 중심

세계적인 명품 브랜드의 가방은 하나부터 열까지 모두 내부에서 만들어질까? 오랫동안 한국 화장품을 대표해 온 화장품 기업의 제품은 모두 자체 기술로 생산될까? 두 질문에 대한 정답은 모두 '노'다. 분야는 다르지만 두 기업 모두 일부 제품이나 모델을 개발해 주거나 생산해 주는 파트너사를 따로 두고 있다. 바로 OEM 기업과 ODM 기업이다.

'주문자 상표 부착 생산'이라 불리는 OEM$^{\text{Original Equipment Manufacturing}}$은 생산에 특화한 형태다. 주문자가 제공한 사양이나 설계도, 처방 등을 토대로 오차 없이 제품을 생산해서 제날짜에 주문자에게 공급하는 것이 OEM 기업에 맡겨진 임무다. 가령 명품 브랜드로부터 원단, 패턴, 부자재를 받아 주문대로 가방을 제작해 주거나, 브랜드사가 제공한 처방대로 공장에서 원료를 배합해 화장품을 생산해 납품하는 경우다.

'제조자 개발 생산'이라 불리는 ODM$^{\text{Original Development Manufacturing}}$은 여기서 한발 더 나아간다. 생산은 기본이고, 독자적인 연구 개발 능력을 갖춘 ODM 기업은 제품 아이디어 단계부터 깊게 관여한다. 브랜드사로부터 20대를 겨냥한 숄더백을 디자인해서 제작해 달라는 요청을 받거나, 민감성 피부도 안심하고 사용할 수 있는 천연 성분의 선크림을 개발해 달라고 주문받았다면 ODM 기업이다. 어느 것이 더 좋고 나쁘고를 떠나 OEM과 ODM은 그 역할의 범위와 내용에 차이가 존재하며, 그 차이만큼 기업의 경쟁력과 해당 산업에서 차지하는 위상에서 차이가 날 수밖에 없다.

화장품은 물론이고 가전, 식품, 의류, IT 등 거의 모든 산업

OEM / ODM / OBM 밸류 체인

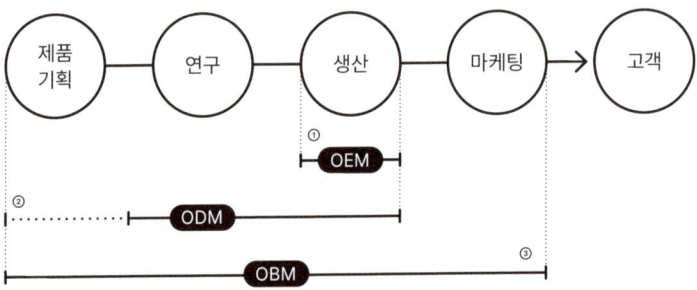

① **Cosmetic Manufacturing**

OEM Original Equipment Manufacturing

주문자 상표 부착 생산

제조사가 주문자가 요구하는 제품과 상표명으로 완제품을 생산해 공급하는 서비스

② **Manufacturing & Package Design**

ODM Original Development Manufacturing

제조자 개발 생산

제조사가 연구원들이 개발한 혁신 포뮬러와 최적의 패키지를 제안하여 개발 및 생산을 제공하는 서비스

③ **Build Your Own Brand**

OBM Original Brand Manufacturing

제조자 브랜드 개발 생산

제조사가 전문가들을 통해 개발한 브랜드를 포함하여 패키지 디자인, 개발 및 생산, 마케팅 전략까지 원스톱으로 제공하는 서비스

코스맥스만이 하는 일

분야엔 웬만한 브랜드 부럽지 않은 성장세를 구가 중인 ODM 기업이 수두룩하다. 중견 의류 기업으로 성장한 한세실업과 세아상역은 세계 최대의 의류 ODM 기업으로 꼽힌다. 유니클로, 자라와 같은 글로벌 SPA 브랜드의 파트너로 활약해 온 한세실업은 수준 높은 디자인 능력과 효율적이고 빠른 생산 시스템으로 고객사의 신뢰를 얻어 세계로 뻗어나갔고, 스포츠웨어 분야에서 독보적인 위치를 차지하고 있는 세아상역은 나이키, 아디다스 등 세계적인 스포츠 브랜드와 협업하며 방글라데시, 베트남 등 글로벌 생산기지를 활용한 효율적인 공급망 관리로 업계를 선도하고 있다.

이와 마찬가지로 한국 화장품 산업의 성장 뒤에는 코스맥스를 위시한 ODM 기업들이 존재한다. K-뷰티가 지금처럼 맹위를 떨치기 오래전부터 이들 기업은 해외 유명 뷰티 브랜드들이 서로 자신의 제품을 만들어달라고 손을 내밀 만큼 몸값이 높은 글로벌 ODM 회사로 성장했으며, 뛰어난 품질과 혁신적인 기술력을 바탕으로 한국 화장품 산업의 글로벌 위상을 높였다.

그렇다면 ODM 전문기업이 왜 필요할까? 세계 톱 클래스 브랜드가 자신의 연구실과 생산시설을 놔두고 ODM 기업에 제품 개발과 생산을 의뢰하는 이유는 뭘까? 자체 제작을 하든

ODM 기업에 제작을 의뢰하든 제품과 서비스를 통해 소비자와 직접 만나는 기업의 목표는 한 가지다. 경쟁사보다 '나은' 제품을 '저렴하게' 하루라도 '빨리' 시장에 선보이는 것이다. 아무리 우수한 제품이라도 경쟁사보다 한발 늦게 시장에 내놓는 순간 후발주자의 꼬리표를 달아야 하고, 신제품을 아무리 빨리 시장에 내놔도 혁신성이 떨어지면 소비자로부터 금세 외면받고 만다. 또한 제품과 서비스가 아무리 우수해도 성능이나 품질에 비해 가격이 비싸다면 시장에서 성공할 수 없다. 이 모든 과정에서 ODM 기업은 브랜드의 경쟁력을 높이는 훌륭한 파트너 역할을 한다.

특히 시장 환경과 트렌드의 변화가 빠른 화장품 산업에서 글로벌 브랜드들은 혁신적인 기술력과 빠른 시장 대응 능력을 통해 치열한 경쟁에서 우위를 점하기 위해 ODM이라는 방식을 활용한다. 제품 개발과 생산은 경험이 많은 ODM 기업에 맡기고, 브랜드는 시장 트렌드 파악과 마케팅에 전념해 소비자 대응력을 높이기 위한 선택이다.

규모가 작은 인디 브랜드라면 ODM 기업의 존재는 더 절박하다. 화장품 시장에 도전하기 위해 준비 중인 예비 스타트업이라고 생각해 보자. 제품 기획부터 연구개발, 제조를 모두 내 손으로 하겠다고 생각하면 막대한 시간과 비용을 각오해야 한다. 화장품 업계뿐 아니라 모든 산업에서 창업자의 발목을 잡는 건 부족한 아이디어가 아니라 그 아이디어를 실현하기 위해 써야 할 막대한 투자금이다. 머릿속에 아이디어가 있다고 해도 연구개발 단계부터는 시간과 돈의 싸움이다. 연구개발은 능력 있는 개발자 몇 명을 채용해서 해결한다고 해도 시제품을 개발하고 테스트를 거쳐 제품 양산 단계까지 가기 위해서는 막대한 설비 투자가 필요하다. 실패할 경우 지불해야 할 대가를 감당하려면 어마어마한 용기도 필요하다.

ODM 기업이 존재하지 않는다면 이 대목에서 많은 창업자가 자신의 비전과 리스크를 저울질하다 결국 포기하고 말 것이다. 이렇게 묻힌 아이디어 중에는 시장의 판도를 바꿀 혁신이 숨어 있을 수도 있다. 만약 ODM 기업이 존재하지 않았다면 지금 전 세계를 뒤흔들고 있는 K-뷰티 혁신의 상당수가 꽃을 피우기도 전에 사라져버렸을지도 모른다. 하지만 화장품 업계엔 공장과 오프라인 매장이 없어도 제품 기획, 연구개발, 생산, 마케팅, 판매를 맡아줄 최고 수준의 ODM 기업이 있다. 덕분에 한국 화장품 산업엔 혁신을 이끄는 아이디어들이 넘쳐나고, 지난 10년간 화장품 산업은 기복 없이 성장했다.

코스맥스는 ODM에서 한발 더 나아가 OBM[Original Brand Manufacturing]으로 역량을 확대했다. '제조자 브랜드 개발 생산'인

OBM은 화장품 개발 및 위탁생산을 넘어 마케팅과 브랜딩 기획까지 제공하는 서비스다. 고객사의 요청에 맞는 제품을 생산해 납품하는 데서 그치지 않고 직접 시장조사를 통해 흥행을 할 만한 아이템과 브랜드를 개발하고 파트너사와 함께 추진하는 방식이다. 화장품 시장 진출을 원하는 고객사들의 사업 기반을 만들어주는 일종의 브랜딩 컨설팅으로, 재료 수급부터 사업에 필요한 모든 과정을 순조롭게 진행할 수 있게 돕는다.

코스맥스는 기술력과 혁신으로 화장품 브랜드가 요구하는 제품을 기획, 연구개발, 생산하는 화장품 ODM 기업이고, ODM을 업으로 삼는 전 세계 화장품 기업 중 가장 높은 매출을 10년째 기록 중인 기업이다. 로레알, 에스티로더, 유니레버, LVMH, P&G 등 글로벌 20위 안에 드는 뷰티 기업 가운데 16개 내외를 상시 파트너사로 두고 있다. 이들의 순위는 매년 바뀌지만 ODM 기업 1위의 자리는 언제나 코스맥스 차지다. 자체 발광하는 브랜드는 아니지만, K-뷰티의 심장을 뛰게 하는 보이지 않는 손이 코스맥스다.

BTS, 코스맥스, 오징어 게임

"한국 화장품 산업이 지금처럼 위상이 높아질 거라고 예상하셨나요?"

요즘 코스맥스 창업주 이경수 회장이 자주 받는 질문 중 하나다. 30년 넘게 한국 화장품 산업의 최전선에서 뛰고 있는 그이지만 이 질문을 받을 때마다 질문자의 기대와는 다르게 농담인지 진담인지 모를 답을 내놓는다.

"그걸 알았으면 진즉 주식 사서 부자 됐게요. 하하하."

이경수 회장이 코스맥스를 창업한 것은 1992년 11월의 일이다. 당시 한국 화장품의 위상은 지금과는 하늘과 땅 차이라고 해도 될 만큼 미미했다. 글로벌 화장품 시장에선 유럽과 미국 브랜드가 위세를 떨치고 있었고, 아시아에선 그나마 일본이 전 세계적으로 품질을 인정받는 유일한 국가였다. 한국의 화장품 브랜드는 해외 유명 브랜드에 비해 품질이 떨어진다는 평가 속에서 소비자들로부터 신뢰를 얻지 못했다.

상황이 이렇다 보니 화장품 OEM/ODM 시장이 국내에 형성되고 관련 기업이 하나둘 생겨난 것도 1990년대 들어서고 나서다. 지금은 ODM을 넘어 OBM의 역할까지 하고 있지만, 창업 당시 코스맥스는 OEM 기업이었다. 하지만 30년 사이 K-뷰티와 코스맥스의 위상은 천지개벽이라고 할 수 있을 정도로 달라졌다.

"저는 선크림을 싫어했습니다. 항상 무겁고 끈적끈적하고 하얀 자국이 남았으니까요. 그런데 한국 선크림은 전혀 그렇지 않아요. 저는 한국산이 아닌 선크림으로는 절대 돌아가지 않을 거예요."

미국의 유명 유튜버이자 모델인 모건 앨리슨 스튜어트Morgan Alison Stewart가 K-뷰티 제품을 소개하는 자신의 홈페이지에 남긴 게시글 일부다. 그는 한국에 갈 수 없는 자신의 구독자들을 위해 이렇게 조언한다.

"한국을 방문할 기회가 없는 분들을 위해 제품 구매 링크를 걸어두었습니다. 물론 직접 구매하는 편이 좀 더 저렴하겠지만, 어느 쪽이든 훌륭한 제품을 손에 넣을 수 있습니다."

K-뷰티는 스킨케어 중심의 다단계 루틴부터 혁신적인 성분과 텍스처, 감각적인 패키징까지 기존 뷰티 시장의 틀을 깨며 미의 새로운 기준을 쓰고 있다. 이것은 한국 화장품 브랜드들이 한국 소비자들의 높은 기대치와 빠르게 변화하는 트렌드에 대응해 온 결과라고 할 수 있다. BB크림, 쿠션 파운데이션 등은 한국에서 시작돼 전 세계적으로 확산된 제품이다. 토너, 에센스, 세럼, 앰풀, 크림 등 여러 단계의 제품을 바르는 스킨케어 방식도 마찬가지다. 1일 1팩이라는 피부관리 루틴도, 아이크림을 얼굴 전체에 바르는 스킨케어 방식도 한국에서 시작돼 전 세계로 퍼져나갔다.

K-뷰티 제품의 독특하고 창의적인 패키징 디자인도 전 세계 소비자들의 시선을 사로잡는 요소 중 하나다. 동물 캐릭터가 그려진 마스크팩, 과일 모양의 핸드크림 등 재미있는 디자인은 제품의 기능성뿐만 아니라 소장 가치도 높여준다. 이처럼 독특한 K-뷰티만의 감성이 세계 각국으로 퍼지며 'K-뷰티 스탠더드'라는 표현까지 생겨났다.

로레알의 장 폴 아공 Jean-Paul Agon 회장은 한국이 새로운 뷰티 트렌드를 만들어내는 진원지임을 인정하며 다음과 같이 말했다.

"한국 고객은 뷰티에 관심이 많고, 제품을 선택하는 기준이 높으며, 새로운 것을 시도하려는 의지가 매우 강하기 때문에 새로운 트렌드를 만든다."

이쯤 되면 의심의 여지 없이 '오늘날 K-뷰티는 전 세계 뷰티 산업의 중심에 서 있다'고 말할 수 있다.

K-뷰티의 달라진 위상은 30여 년간 그 중심에 있었던 코스맥스가 누구보다 더 생생하게 느끼고 있다. 가장 크게 달라진 건 코스맥스를 대하는 고객사의 태도다. 세계적인 화장품 브랜드의 핵심 임원들이 직원들을 대거 대동하고 코스맥스 본사를 방문하는 일이 드물지 않다. 브랜드 전반의 전략을 코스맥스와 논의하기 위해서다.

불과 20년 전만 해도 이들의 방문 이유는 지금과 확연히 달랐다. 자신들의 제품을 제대로 생산할 역량을 갖췄는지 검증하기 위해서였다. 하지만 이제는 코스맥스를 자신들의 제품을 생산할 파트너로서뿐 아니라 자신들의 미래를 함께 그려갈 전략적인 동반자로 생각한다.

미래는 예측하는 것이 아니라 만드는 것

이경수 회장이 글로벌 화장품 브랜드인 L사를 방문했을 때의 일이다. 이경수 회장과 L사 임원들이 오후 내내 이어진 회의를 마무리할 때쯤 L사의 연구총책임자가 조심스럽게 의견을 물었다.

"한국의 인디 브랜드와 우리가 어떤 점에서 다른지 설명해 줄 수 있겠어요?"

평범한 듯 보이는 이 질문에는 많은 의미가 내포돼 있다. 그가 말한 한국의 인디 브랜드는 티르티르, 조선미녀, 마녀공장, 롬앤과 같은, 대기업이 부럽지 않을 정도로 요즘 잘나가는 K-뷰티 붐의 주역이다.

글로벌 화장품 톱 순위를 다투는 L사가 이 질문을 던진 이유는 무엇일까. 모르긴 몰라도 인디 브랜드라 불리는 K-뷰티 열풍의 주역들을 주의 깊게 바라보고 있다는 이야기다. L사 연구총책임자의 질문에 대한 답은 뒤에서 다시 자세히 설명할 기회가 있을 것이고, 중요한 건 이들이 왜 이런 질문을 자신들의 파트너사인 코스맥스에 던졌냐는 것이다.

고맙게도 코스맥스를 대신해 이 질문에 답을 해준 책이 있다. '팬데믹 이후 세계의 한류: BTS, 코스맥스, 오징어 게임The Korean Wave in a Post-Pandemic World: BTS, Cosmax and Squid Game'이라는 의미심장한 제목을 달고 영문으로 출간된 이 책은 경희대학교 경영대학원 신건철 교수와 뉴욕주립대학교 마크 D. 휘태커Mark D. Whitaker 교수의 공저로, 2023년 11월에 출간됐다. 이 책을 펴낸 독일의 슈프링거 네이처Springer Nature는 학술 및 과학 출판 분야에서 권위를 인정받고 있는 세계적인 출판사다. 그런데 BTS, 〈오징어 게임〉과 나란히 코스맥스의 이름이 올라 있는 대목에서 코스맥스 직원들도 놀라움을 금치 못했다. 화장품 업계 관계자나 제조사를 확인하고 제품을 고르는 깐깐한 소비자가 아니라면 잘 모를 이 이름이 '감히' BTS와 동급으로 거론되다니 말이다.

제목만으로도 흥미로운 이 책은 코로나19 팬데믹 속에서도 전 세계적으로 확산한 한류의 성장을 심도 있게 분석했다. 케이팝 그룹이라는 말로는 부족한 글로벌 아이콘 BTS, 글로벌 1위 화장품 ODM 기업 코스맥스, 전 세계에 K-콘텐츠 열풍을 몰고 온 〈오징어 게임〉을 주요 사례로 다루며, 한국의 문화적·경제적·디지털 전략이 어떻게 한류의 글로벌 영향력을 강화했는지를 분석했다.

그렇다면 코스맥스는 왜 이들과 나란히 거론된 걸까? 한국에서조차 이름이 알려지지 않은 화장품 ODM 기업에 '한류의 주역'이라는 수식어를 붙여준 이유는 뭘까? 저자들은 "한류의 가시적 세계화의 정점에는 현재 BTS가 있지만, 코스맥스는 수십 년간 한국의 (화장품) 연구개발 및 생산 전문회사로서 보이지 않는 (한류) 세계화의 정점에 있었다"라고 설명한다. 혁신적인 기술력과 품질을 보유한 코스맥스가 한국 화장품의 글로벌 시장을 넓히며 지금의 K-뷰티 열풍을 설계했다는 설명이다. 코스맥스의 33년 역사를 단 한 문장으로 요약한 이 대목에서 코스맥스의 모든 구성원은 온몸에 소름이 돋을 만큼 짜릿함을 느꼈다.

코스맥스와는 일면식도 없는 저자들은 한국 화장품이 K-뷰티라는 명성을 얻기까지의 성장 요인을 꿰뚫었고, 그 과정에 코스맥스가 어떻게 기여했는지 정확하게 분석해 냈다. 2000년대 초반 가성비를 내세운 원브랜드숍과 적극적인 제휴를 통해 시장을 혁신한 코스맥스의 결단이 한국 화장품의 수준을 양적·질적으로 단번에 끌어올렸다는 사실을 놓치지 않았다.

실제로 더페이스샵, 미샤와 같은 원브랜드숍은 2000년대 중반부터 한국 화장품 시장의 혁신적인 변화와 확산에 중요한 역할을 했다. 이들은 저렴하면서도 품질 좋은 제품을 제공해 대중의 화장품 시장 접근성을 크게 높였고, 독립 매장을 통해 직접 소통하는 방식으로 소비자 경험을 개선해 제품에 대한 신뢰를 쌓았다. 코스맥스는 이 브랜드들의 제품 개발부터 제조까지 담당하며 원브랜드숍이 빠르게 제품을 출시하고 다양한 소비자 니즈에 대응할 수 있도록 지원했다.

누구보다 먼저 중국 시장에 진출한 코스맥스의 과감한 도전이 K-뷰티의 글로벌 명성에 결정적인 영향을 미쳤다는 사실도 저자들은 간과하지 않았다. 실제로 코스맥스는 2004년부터 로레알과 구축한 오랜 신뢰 관계를 바탕으로 중국을 넘어 해외 시장 진출을 서둘렀다. 모두가 아니라고 했던 중국 시장에 먼저 깃발을 꽂은 코스맥스는 미국을 넘어 세계 최대 화장품 시장이 될 중국에서 오랫동안 압도적인 화장품 ODM 기업 1위 자리를 지키고 있다. 중국에 이어 미국, 동남아시아, 러시아, 일본 등으로 글로벌 영토를 확장한 코스맥스는 넘볼 수 없는 기술력과 품질로 한국 화장품의 저력을 보여주며 '해가 지지 않는' 글로벌 화장품 ODM 1위 기업의 자리를 10년째 지키고 있다.

저자들이 가장 주목한 대목은 코스맥스의 디지털 전환 과정이다. 저자들은 디지털과 데이터에 기반한 맞춤형 뷰티 제품 개발을 준비하는 코스맥스가 K-뷰티의 새로운 트렌드를 이끌고 있음을 재빠르게 간파했다. 이러한 움직임은 BTS와 〈오징어 게임〉이 유튜브, 넷플릭스 같은 디지털 플랫폼을 통해 빠르게 글로벌 팬층을 확보한 것과 같은 맥락에서 설명되고 있다. 팬데믹 이후 사람들은 더 많은 시간을 온라인 콘텐츠와 개인화된 서비스에 투자하고 있고, 이러한 흐름에 맞춰 BTS와 〈오징어 게임〉이 사람들에게 문화적 위안을 주며 인기를 얻었듯, 코스맥스는 맞춤형 화장품을 통해 개인화된 소비 트렌드를 선도하며 새로운 수요에 부응하고 있다고 설명했다.

K-뷰티는 이제 더 이상 한국만의 것이 아니라 전 세계 소비자들이 함께 만들어가는 문화적 상징으로 자리 잡았다. 이 문화의 중심에서 코스맥스는 묵묵히 브랜드들을 지원하고 뷰티 혁신을 이끌어 K-뷰티의 글로벌 성공 스토리를 만들고 있다. 이것이 글로벌 톱 화장품 기업의 연구총책임자가 자신들의 미래를 걱정하며 코스맥스에 조언을 구한 진짜 이유일 것이다.

1992년 코스맥스가 ODM 기업으로 시장에 출사표를 던진 것은 오늘날 K-뷰티의 성공을 예견해서가 아니었다. 한국 화장품 시장이 성장하는 과정에서 ODM 기업의 역할이 필요할 날이 반드시 오리라는 확신이 있었을 뿐이다.

현대 경영학의 아버지로 불리는 피터 드러커Peter Drucker와 컴퓨터 과학자 앨런 케이Alan Kay는 "미래를 예측하는 가장 좋은 방법은 미래를 만드는 것이다"라는 말을 남겼다. 자신이 원하는 미래를 창조하기 위해 노력하는 것이 결국 그 미래를 예측하는 가장 확실한 방법이라는 뜻이다.

지난 30여 년간 코스맥스는 단 한 순간도 무언가를 기다린 적이 없다. 행운은 있었을지언정 요행은 없었다. 더욱이 행운만으로 33년간 연평균 30%의 성장을 일굴 수는 없다. 한국 화장품의 존재가 미미하던 1992년 11월에도, 수많은 글로벌 화장품 브랜드와 파트너십을 맺고 있는 2025년 현재도, 코스맥스가 가는 길은 정해져 있다. 바로 '최고의 파트너가 되는 것'이다. 최고의 파트너가 되기 위해 애를 쓰다 보니 파트너사들이 잇달아 성공 신화를 썼고, 그들의 성장과 함께 한국 화장품의 위상이 점점 높아졌으며, 자신의 의도와는 상관없이 K-뷰티의 위상을 높인 숨은 조력자로서 코스맥스가 세상 사람들의 입에 오르내리게 되었을 뿐이다.

"불과 5년 전만 해도 K-뷰티가 지금처럼 전 세계인의 사랑을 받을 거라고는 예상하지 못했다"는 이경수 회장의 답은 역설적으로 코스맥스가 얼마나 긴 안목으로 끈질기게 K-뷰티의 미래를 만들어왔는지를 보여준다.

코스맥스의
중심은 고객

K-뷰티는 세상의 중심에 우뚝 섰고, 그 중심에 코스맥스가 있다. 그렇다면 코스맥스의 중심에는 무엇이 있을까. 바로 고객이다. 이것이 코스맥스가 수많은 화장품 ODM 기업 중에서 선두의 자리를 지키고 있는 이유라고 단언할 수 있다.

현대 비즈니스에서 '고객 중심', '동반 성장', '상생'이라는 단어는 거의 모든 기업의 미션과 가치 선언문에 등장한다. 그러나 이를 단순한 슬로건 이상의 실질적 전략으로 구현하는 기업은 보기 드물다.

아마존 창업자 제프 베이조스Jeff Bezos는 "고객에서부터 시작하라. 나머지는 그다음이다"라며 고객의 중요성을 역설했다.

그는 고객 중심을 넘어선 '고객 집착'이 아마존의 경쟁력이라고 말하고 있다. 아마존의 모든 서비스는 일단 고객의 불편 사항을 발견하고 이를 개선하기 위해 시작된다. 고객의 쇼핑 시간을 절약하기 위해 개발한 원클릭 주문 시스템, 고객이 더 간편하게 쇼핑할 수 있도록 지원하기 위해 개발한 알렉사, 고객 불만을 해결하기 위해 구축한 A-to-Z 보장 정책 등이 대표적이다. 이런 서비스는 자연스럽게 고객을 확대하고, 규모의 경제를 통해 비용을 낮춰 아마존에서 판매되는 제품의 가격 경쟁력을 더욱 높였다. 이러한 선순환 구조가 아마존을 세계 최대 전자상거래 플랫폼의 자리에 올려놓았다.

    고객 중심은 단순히 고객을 만족시키는 데 그치지 않는다. 고객 중심을 실천하기 위한 하위 개념은 '존중'과 '성실'이다. 고객을 나보다 먼저 생각하고 고객의 요구에 항상 성실하게 대응한다는 뜻이 담겨 있다. 기업은 고객과 깊은 신뢰 관계를 구축하고, 이를 토대로 고객사의 성장과 성공을 돕는 '친구'이자 '가족'이 되어야 한다. 그러려면 고객사의 문제를 함께 고민하고 어떻게든 그들의 고민을 해결해 주려고 노력해야 한다. 그리고 이 모든 것은 진정성이 바탕이 되어야 한다. 이런 식의 가치나 슬로건은 어느 회사에나 있지만, 실제로 행동으로 옮겨지는 예는 그리 많지 않다. 그러나 코스맥스는 달랐다.

코스맥스는 1992년 설립 이후 뷰티 산업의 성장을 이끄는 견인차 역할을 해왔다. 단순히 제품을 생산하는 데 그치지 않고 수많은 브랜드의 든든한 후원자로서 위기와 도전을 함께 극복해 왔다. 이러한 상생과 협력의 정신은 K-뷰티가 전 세계적으로 사랑받는 원동력이 됐고, 이들의 성장과 함께 코스맥스도 글로벌 화장품 ODM 1위 기업으로 우뚝 설 수 있었다.

'고객이 성장해야 코스맥스도 성장한다.'

코스맥스의 30여 년은 단순히 화장품 ODM 기업의 성공 스토리가 아니라 고객 중심이라는 가치를 실현해 온 여정이었다. 코스맥스를 향한 고객의 신뢰는 코스맥스의 지속 가능성을 담보하는 가장 강력한 자산이다.

2012년 코스맥스가 로레알의 인도네시아 공장을 인수했을 때, 공장 준공식에서 로레알의 고위 임원은 이렇게 말했다.

"친구가 되려면 세 가지가 갖춰져야 한다. 하나는 서로 신뢰해야 한다. 둘은 서로 도움을 주는 위치에 있어야 한다. 셋은 문제가 생겼을 때 같이 해결하는 자세가 중요하다. 그래서 로레알과 코스맥스는 친구다."

이 짧은 말은 코스맥스가 고객과 함께 쌓아온 신뢰의 역사를 상징적으로 보여준다. 단순히 제품을 생산하는 기업이 아닌, 고객사의 성공을 함께 도모하는 파트너로서 코스맥스의 정체성이 그대로 담겨 있다.

고객사의 성장이
곧 코스맥스의 성장

    화장품 업계에 코스맥스의 고객 중심 가치경영이 알려지기 시작한 것은 IMF 시기로 거슬러 올라간다. IMF 외환위기 당시 코스맥스에도 위기가 찾아왔다. 당시 코스맥스의 매출 1, 2위를 차지하던 고객사가 나란히 화장품 사업에서 손을 떼면서 매출은 곤두박질쳤다. 다른 고객사 상황도 크게 다르지 않았다. 주문량이 대폭 줄어들면서 코스맥스의 공장은 가동되는 날보다 가동되지 않는 날이 더 많아졌다. 회사의 생존을 고민해야 하던 이때, 이경수 회장은 파격적인 세 가지 결정을 내렸다.

첫째, 환율로 인한 원가 상승의 고통을 분담하기 위해 원자재 공급 가격을 동결할 것.

둘째, 최소생산수량의 한도를 없앨 것.

셋째, 특근을 해서라도 고객이 원하는 납기에 무조건 제품을 공급할 것.

세 가지 모두 코스맥스로선 전혀 득이 되지 않는 결정이었다. IMF 여파로 원화 가치가 하락해 달러 환율이 1,800원을 넘어서며 수입에 전적으로 의존하던 원재료의 가격은 천정부지로 치솟았다. 더욱이 최소생산수량MOQ이 적어지면 당연히 생산 비용은 올라간다. 경제성 있는 생산이 이뤄지려면 원료를 넣는 탱크가 어느 정도 채워져야 하지만 코스맥스는 이마저도 없앴다. 불확실성의 시기에 고객사가 짊어져야 할 재고 부담을 덜어주기 위해 한두 달 판매 물량만 가져갈 수 있도록 했다.

평일에 공장을 돌리지 못하는 날이 많아졌는데도 월요일 납품을 원하는 고객사를 위해 직원들에게 휴일 수당을 주면서까지 주말에 공장을 가동했다. 고객사를 배려하다가 회사가 위기에 빠질 수 있다며 임직원들의 반발이 거셌지만, 이경수 회장은 이때만큼은 완강하게 의지를 관철했다. 이유는 하나였다. '고객이 살아야 코스맥스가 살 수 있다'는 생각 때문이었다.

고통 분담의 결과는 IMF 이후 서서히 나타나기 시작했다. 화장품 업계가 회복세를 맞으면서 기업들이 너도나도 코스맥스로 몰려들기 시작했다. 1998년 131억 원이었던 매출은 1999년 174억 원, 2000년에는 249억 원으로 급성장했다. 3년 만에 매출이 2배 가까이 증가한 셈이다. 코스맥스가 분담해 짊어졌던 고통에 고객사들이 신뢰로 보답한 결과였다.

《초월적 가치경영》의 저자인 이홍 박사는 '남을 먼저 철저하게 배려한 결과로 돈을 버는' 코스맥스만의 놀라운 경영 방식을 '이타적 이기성 경영'이라고 명명했다. 그는 고객, 협력사, 사회를 우선하는 코스맥스식 경영이 생존을 넘어 지속 가능한 성장을 이루는 요인이 됐다고 짚어냈다.

이홍 박사가 책에서 설명한 것처럼 코스맥스의 성공 비결은 단순하면서도 강력한 철학에서 출발한다. 고객에게 최초이자 최고의 감동을 주겠다는 철학이 바로 그것이다. 이는 단순한 슬로건이 아니라 코스맥스가 걸어온 모든 여정에 깊이 뿌리내려 있는 가치다. 제품의 품질과 혁신을 통해 고객사의 신뢰를 얻고, 이를 기반으로 글로벌 시장에서의 성공을 지원하는 코스맥스의 노력은 고객사의 성장을 이끌었다. 고객이 원하는 것을 더 빨리, 더 유연하게 제공하며 차별화된 창의성을 통해 경쟁사와 뚜렷이 구별되는 제품을 개발했다.

코스맥스의 이러한 정신은 CI$^{Corporate\ Identity}$에 3개의 사과로 형상화된 '바름, 다름, 아름'이라는 상징적 철학으로 표현된다. 첫 번째 사과는 인간에게 선악을 가르친 이브의 사과다. 선을 행하는 우선적 대상은 고객이다. 즉 고객에게 '정직한 기업'으로 최고의 파트너가 되겠다는 의지가 담겨 있다. 존중과 성실이 바탕이 된 '바름'의 정신은 고객사로부터 코스맥스에 신뢰를 가져다준 경영이념이다.

두 번째 사과는 항상 연구하는 자세를 상징하는 뉴턴의 사과다. 그래야 다른 기업과 차별화를 이룰 수 있고 고객이 필요로 하는 최고의 파트너가 될 수 있다는 생각을 담고 있다. 코스맥스가 하면 뭔가 '다름'을 확실하게 고객에 인식시켜 준 경영이념이다.

세 번째 사과는 트로이 왕자 파리스가 미의 여신 아프로디테에게 바쳤다는 아름다움을 상징하는 사과다. 사회에 아름다움과 건강을 제공해 사람들의 행복을 추구하고 나눔의 정신으로 아름다운 세상을 실현하는 기업이 되자는 의지의 표현이다.

코스맥스의 경영이념 - 바름, 아름, 다름

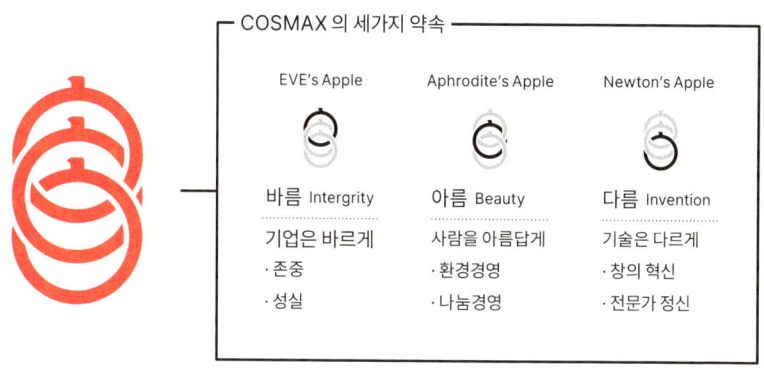

코스맥스의 모든 경영 활동의 기저에는 세상을 '아름'답게 하고자 하는 경영철학이 담겨 있다. 이 3대 경영이념은 단순히 구호가 아니라 코스맥스의 모든 의사결정을 이끄는 원동력이다.

경영학의 대가인 필립 코틀러Philip Kotler는 《마켓 3.0》이라는 그의 저서에서 영원한 위기의 시대에 기업이 생존하는 방법은 마케팅 3.0에 있다고 밝혔다. 마케팅 3.0이란 얄팍한 마케팅 수법을 통해 고객을 속여 이윤을 얻지 않고 진정성을 가지고 고객에게 이익이 되는 믿을 만한 제품과 서비스를 제공함으로써 고객의 강한 신뢰와 존경을 통해 차별적 우위를 얻는 마케팅 패러다임을 일컫는다. 현명한 기업은 진정성에 기반해 고객과 상생을 추구하는 마케팅 3.0으로 진화해야 한다는 의미다.

전략적 컨설팅 회사인 스트래티직 호라이즌Strategic Horizons LLP의 창업자인 조지프 파인Joseph Pine도 그의 저서 《진정성의 힘》에서 "이제 고객들은 교활한 상술을 이용한 가식적 상품이 아니라 존경하는 기업에서 만든 진정성 있는 상품에 지갑을 연다"라고 말했다.

현재 전 세계는 성장과 소비가 멈춘 뉴노멀 시대에 놓여 있다. 이런 시대일수록 남을 배려하는 가치경영이 중요하다. 항상 성장하는 시기였던 노멀 시대와 달리 뉴노멀 시대에는 누가 자신에게 이익을 주고 불이익을 주는지 따지는 소비자의 민감성이 증가한다. 이기적인 사고에 매몰된 기업보다는 소비자에게 이타적으로 행동하는 기업이 선택받기 쉽다.

세계적인 기업들은 기업철학에 진정성을 갖기 위해 노력하고 있다. 구글의 기업철학은 'Don't be evil'로 나쁜 짓을 하지 않고도 돈을 벌고 성공할 수 있다는 의미가 담겨 있다. 돈보다 고객이 좋아하는 것에 집중하겠다는 의지의 표현이다. 파타고니아Patagonia는 '우리는 지구를 구하기 위해 사업을 한다(We're in business to save our home planet)'라는 슬로건으로 지속 가능한 패션의 대명사가 되었다.

이처럼 기업의 철학은 그 기업의 나아가야 할 방향을 알려주며 정체성과 목적의식을 갖게 한다. 특히 위기의 순간에는 길을 잃지 않게 하는 나침반 역할을 한다. 지난 30여 년간 코스맥스도 수많은 문제와 위기에 부딪혔다. 하지만 문제를 해결하고 나면 이전보다 훨씬 더 큰 경쟁력을 갖게 됐다. 위기를 잘 넘어서면 그 뒤엔 늘 기회가 기다리고 있었다.

고객이 경쟁사에서는 겪지 못하는 경험을 하게 하는 것. 코스맥스의 중심에 단단히 뿌리내린 확고한 고객 중심 철학은 고객사들을 성장시켜 K-뷰티가 세계의 중심에 설 수 있게 했으며, 그들과 함께 코스맥스 또한 세계의 중심에 설 수 있었다. 고객 중심을 실현한 코스맥스의 33년 여정을 요약해 주는 다음의 말을 끝으로 본격적인 코스맥스의 스토리를 이어가고자 한다. 미국 역사상 가장 뛰어난 영업 코치 지그 지글러$^{Zig\ Ziglar}$가 한 말이다.

"만약 당신이 다른 사람이 원하는 것을 얻도록 충분히 도와주기만 하면 당신 삶에서 원하는 모든 것을 손에 쥘 수 있다."

바름의 정신은 코스맥스를 살아남게 했고, 다름의 정신은 코스맥스를 중견기업으로 만들어줬고, 아름의 정신은 코스맥스를 세계적인 대기업으로 만들어줄 것이다.

코스맥스의 성공 비결은
단순하면서도 강력한 철학에서 출발한다.
고객에게 최초이자 최고의 감동을
주겠다는 철학이 바로 그것이다.

PART

기반을 세우다
COSMAX
코스맥스 1.0

원브랜드숍에서 시작된 화장품 유통 혁명은

소비자와 브랜드 양쪽에 큰 변화를 가져오며

한국 화장품의 글로벌 경쟁력을 한 단계 끌어올렸다.

원브랜드숍과 동반 성장을 일군 코스맥스는

혁신적 솔루션 제공자로 진화했고

생존을 걱정해야 했던 중소기업에서

탄탄한 중견기업으로 발돋움하기 위한

기반을 닦았다.

원브랜드숍이 몰고 온 변화

2003년 12월 6일 흐린 하늘의 명동 거리에는 초겨울의 차가운 공기가 가득했지만, 유독 사람들의 뜨거운 관심이 몰린 곳이 있었다. 명동 한복판에 문을 연 더페이스샵 1호점. 흰색과 초록색으로 깔끔하게 꾸며진 더페이스샵 매장은 바로 옆의 글로벌 자연주의 뷰티 브랜드 더바디샵의 매장과 묘한 대조를 이뤘다.

더페이스샵 앞은 호기심과 기대에 가득 찬 사람들로 북적였다. 사람들은 저마다 궁금한 눈빛으로 매장 안을 둘러보며 진열된 제품에서 눈을 떼지 못했다. 가격표를 확인하고 눈을 동그랗게 뜨며 놀라기도 하고, 제품을 손등에 발라본 일부 고객들은 감탄사를 내뱉기도 했다. 온종일 쇼핑백 한가득 제품을 사서 나오는 손님들로 매장이 북새통을 이뤘던 이날은 한국 화장품 시장의 판도를 뒤흔든 새로운 혁신의 서막이 열리는 순간이자, 코스맥스가 ODM 기업으로서 첫 번째 성장 사다리에 올라선 순간이었다.

이후에는 잘 알려진 성공 스토리가 펼쳐진다. 자연주의 웰빙 화장품을 표방하고 화장품 업계에 혜성처럼 등장한 더페이스샵은 명동에 1호점을 낸 지 6개월 만에 100호점을 돌파하는 기염을 토하며 창업 1년 만에 매출 1,000억 원 달성이라는 전무후무한 기록을 세웠다. 더페이스샵의 기세는 해외에서도 이어졌다. 2004년 11월 해외에 처음 진출한 후 1년 5개월 만에 해외에 100개의 매장을 열며 '업계 최초 해외 100호점 돌파'라는 놀라운 성과를 거뒀다.

거품을 걷어낸 가성비 화장품의 대명사로 불린 더페이스샵의 승승장구는 원브랜드숍 전성시대를 알리는 신호탄이자 한국 화장품 시장이 질적으로 한 단계 올라서는 기폭제 역할을 했다. 해외 언론과 화장품 업계에서 한국 화장품 산업을 눈여겨보기 시작한 것도 이즈음부터다.

혁신이 멈춘 곳에서 발견한 기회

시계를 더페이스샵 1호점 오픈 몇 달 전으로 되돌려보자. 당시 코스맥스 내부에선 격론이 벌어졌다. 신생 원브랜드숍 더페이스샵의 파트너 제안을 수락할지 말지를 두고 임원들 사이에서 엇갈린 의견이 오갔다. 당시 국내 화장품 시장은 여러 브랜드의 제품을 한 공간에서 판매하는 숍인숍shop-in-shop 형태의 종합화장품 매장이 주류였다. 브랜드는 제품을 개선하기보다는 이름이나 포장을 바꿔 가격을 올린 뒤 할인해서 판매하는 전략을 취했다. 소비자 중심 시장이 아니라 공급자 중심인 시장이었고, 혁신은 멈춰 있었다.

화장품 단품 가격이 2만~3만 원을 넘어서던 당시 코스맥스는 더페이스샵으로부터 3,300원짜리 제품을 만들어줄 ODM 파트너 제안을 받았다. 새로운 도전 앞에서 코스맥스의 고민은 깊었다. 우선 실무진 선에서 도저히 제조 단가를 맞출 수 없다며 난색을 표했다. 정가 3,300원에 팔리는 제품이라면 제조 단가를 1,000원 이하로 낮춰야 하는데, 당시로서는 불가능하다는 판단이었다. 기존에 거래해 오던 고객사와의 관계도 고민거리였다. 고객사의 경쟁사가 될 게 뻔한 신생 브랜드, 그것도 가성비를 앞세운 브랜드의 제품을 코스맥스가 맡는다면 기존 고객이 이탈할 위험 부담을 각오해야만 했다.

당시 시장 전문가들 사이에서도 의견이 엇갈렸다. 가성비를 내세운 원브랜드숍의 인기를 스쳐 지나가는 반짝인기로 치부하는 분석이 적지 않았다. 원브랜드숍의 선풍적인 인기를 시샘 어린 시선으로 바라보던 기존 브랜드 관계자들은 공공연하게 3년도 안 가서 원브랜드숍이 문을 닫을 거라고 호언장담하기도 했다.

하지만 이경수 회장의 생각은 그들과 달랐다. 더페이스샵이 명동에 1호점을 오픈하기 1년여 전 온라인 쇼핑몰 '뷰티넷'에서 출발한 미샤가 이대 앞에 첫 원브랜드숍 오프라인 매장을 열었다. 합리적인 가격과 품질을 내세워 10대 중고생과 20대 초반 젊은 여성들의 전폭적인 지지를 얻은 미샤는 원브랜드숍 시장의 초기 경쟁을 주도했다.

당시 이경수 회장은 하루가 멀다 하고 명동과 대구, 부산 중심지에 오픈한 미샤 매장 앞에 진을 쳤다. 회사의 명운이 걸린 중대한 사안을 앞에 두고 성급하게 결정을 내릴 수는 없었기 때문이다. 이경수 회장의 마음에 남아 있던 일말의 불안과 의심이 사라지기까지 그리 오랜 시간이 걸리진 않았다. 결국 답은 현장에 있었다. 미샤 매장에 계속 몰려드는 소비자들의 모숍에서 이경수 회장은 싸고 좋은 국산 화장품에 대한 소비자들의 목마름이 생각보다 크다는 것, 가격 거품을 걷어내고 품질로 승부를 건다면 충분히 승산이 있다는 확신이 굳어졌다.

파트너 계약을 체결하며 이경수 회장과 더페이스샵 정운호 회장은 한 가지 굳은 약속을 했다. 가격은 저렴하더라도 품질은 양보하면 안 된다는 대원칙을 세웠다. 용기와 부자재의 가격을 최소한으로 낮추는 대신 내용물엔 욕심을 부리자는 것이었다.

양사는 원브랜드숍이 지속 가능하려면 단순히 저렴한 가격으로만 승부해서는 성공할 수 없다는 데 동의했다. 이것이 훗날 더페이스샵이 수많은 원브랜드숍 가운데서도 1위로 성장할 수 있었던 요인이다.

명동 1호점 오픈 전까지 코스맥스에 주어진 시간은 단 3개월. 지금이야 6개월, 짧으면 3~4개월 만에도 신제품 하나를 뚝딱 만들어내지만, 당시만 해도 신제품 하나를 개발해서 생산하기까지 짧게는 1년, 길게는 3년이 걸리던 시절이었다.

'우리의 시간표가 아니라 고객의 시간표에 무조건 맞춘다.'

코스맥스의 변함 없는 경영방침은 이때도 어김없이 지켜졌다. 주말 근무와 밤샘 근무를 불사하고 3개월간 전사의 역량을 총동원해 더페이스샵 명동 1호점 매장에 채워 넣을 250가지 품목을 개발해서 생산해 냈다. 불가능할 것만 같던 일이 현실로 다가온 2003년 12월 6일의 아침은 그렇게 밝았다.

ODM 전성시대의
개막

　'가격은 남대문시장, 품질은 백화점 수준.'
　당시 언론들은 초저가 화장품 돌풍을 일으킨 더페이스샵의 성공 요인을 이렇게 간단히 정리했다. 여기에는 남대문시장에서 과일 장사로 종잣돈을 마련한 뒤 화장품 대리점에서 시작해 식물원, 쿠지인터내셔널 등의 화장품 브랜드를 성공시켰던 정운호 회장의 동물적인 시장 감각도 한몫했다. 3,300원짜리 클렌징폼은 물론이고 1만 4,900원짜리 자연주의 기능성 기초화장품은 당시에는 상상조차 할 수 없는 일이었다. 대기업 화장품 브랜드 제품과 비교해 가격이 최대 10분의 1, 아무리 비싸도 3분의 1을 넘지 않았는데 가짓수는 2배 이상 많았다.

다양한 제품 라인업과 노세일로 승부를 건 더페이스샵의 전략은 '이미지를 파는 화장품 업계에선 안 통한다'는 주변의 우려를 보기 좋게 불식했다. 창업 2년 만에 판매 수량에서 국내 1위로 올라선 더페이스샵은 원브랜드숍 시대를 활짝 열었다.

더페이스샵의 성공 비결은 한 줄로 요약할 수 있다. 브랜드가 원하는 것이 아니라 소비자가 원하는 것을 만들어낸 결과였다. 장기 불황을 겪은 소비자들이 원한 것은 브랜드의 이름이 아니라 합리적인 가격의 품질 좋은 제품이었고, 그것이 불가능한 이야기가 아님을 더페이스샵이 증명해 냈다.

이후 브랜드 고유의 이미지와 철학을 소비자에게 직접 전달할 수 있는 공간으로 자리 잡은 원브랜드숍은 전문적이고 차별화된 제품을 선호하는 소비자들의 요구에 부응하며 한국 화장품 유통 시장의 주력 채널로 올라섰다.

원브랜드숍에서 시작된 화장품 유통 혁명은 소비자와 브랜드 양쪽에 큰 변화를 가져오며 한국 화장품 시장을 질적으로나 양적으로 한 단계 끌어올렸다. 미샤의 1,000원짜리 아이섀도, 더페이스샵의 3,300원짜리 클렌징폼을 경험한 소비자들은 화장품이 더 이상 사치품이나 고가의 제품이 아니라 일상에서 부담 없이 사용할 수 있는 소비재라고 인식하게 됐다. 비싼 제품이 반드시 좋은 제품은 아니며, 얼마든지 싸고 좋은 국산 화장품을 손에 넣을 수 있다는 것도 알아챘다.

반면, 그동안 쌓아온 이미지나 명성에만 의존해서는 더 이상 소비자들의 마음을 얻을 수 없다는 사실을 깨달은 대기업들은 자신의 정체성을 더욱 강력하게 드러내야 하는 도전에 직면했다. 한 마디로 계급장 떼고 실력으로 맞붙어야 하는 시대가 열린 것이다.

발등에 불이 떨어진 건 3년 안에 원브랜드숍이 사라질 것으로 호언장담했던 기존 브랜드들이었다. 아모레퍼시픽이 자회사를 통해 2005년 색조 전문 원브랜드숍 에뛰드하우스를 오픈한 데 이어 자연주의 화장품 브랜드 이니스프리로 원브랜드숍 전쟁에 가세했고, LG생활건강은 2008년 당시 국내 화장품 매출 순위 3위였던 더페이스샵을 인수하며 1위 자리를 차지하기 위한 승부수를 던졌다.

화장품 유통 시장의 격변 속에서 새로운 기회를 포착한 중소기업과 신규 브랜드들은 독자적인 원브랜드숍 모델을 연이어 선보이며 대기업 위주의 시장에 균열을 냈다. '먹지 말고 피부에 양보하세요'라는 슬로건으로 소비자들의 마음을 사로잡은 스킨푸드, 뚝심 있게 자연의 원초적인 아름다움을 브랜드 철학과 마케팅 포인트로 삼았던 네이처리퍼블릭, 톡톡 튀는 콘셉트로 화장품을 단순히 피부를 관리하는 도구가 아니라 자신을 표현하는 즐거움으로 재해석해 젊은 층의 지지를 얻은 토니모리가 모두 이때 등장했다. 이른바 원브랜드숍의 황금기가 열렸고, 이들은 동네 주요 상권의 지형도를 바꿔나갔다.

2000년대 초반에 펼쳐진 이러한 변화가 K-뷰티의 시작을 알리는 중요한 계기가 된 것 또한 사실이다. 글로벌 시장에서 한국 화장품 브랜드들은 원브랜드숍을 통해 자신들의 정체성을 확립하며 영향력을 미치기 시작했다. 이러한 변화는 특히 2010년대 들어 더욱 가속화되어 글로벌 시장에서 한국 화장품 브랜드가 급부상하는 기반을 마련했다. 외국인 관광객들이 화장품 매장에서 K-뷰티를 쇼핑하기 시작한 것도 이즈음부터다.

결국 숍인숍에서 원브랜드숍으로의 전환은 소비자 경험의 질을 높이고, 브랜드의 전문성을 강조하는 중요한 변곡점이 되었으며, 한국 화장품 산업은 이 변화를 통해 글로벌 경쟁력을 갖추게 되었다.

K-뷰티의
혁신적 솔루션 제공자로 부상

　더페이스샵 매장이 국내외에서 급격히 확장하면서 코스맥스 연구소와 생산 라인도 덩달아 바빠졌다. 더페이스샵과 파트너 계약을 맺을 당시 우려했던 고객 이탈 현상은 얼마 지나지 않아 기우에 불과했다는 사실이 밝혀졌다. 오히려 우려와는 정반대의 상황이 펼쳐졌다. 기존 고객이 이탈하기는커녕 앞다퉈 자신들의 제품을 개발해 달라고 코스맥스 앞에 줄을 서기 시작했다. 이들은 계급장 떼고 실력으로 맞붙기 위해선 ODM 기업의 도움이 절대적으로 필요하다는 사실을 알고 있었다.

　원브랜드숍은 고객에게 고유의 정체성을 강조한 제품을 제공해야 했기에 독창적이고 트렌디한 제품 개발이 필수였다. 하지만 자체 연구개발 인프라를 갖추기에는 비용과 시간이 과도하게 소요되었고, 그것을 대신해 줄 ODM 기업의 중요성이 더욱 높아졌다. 더욱이 원브랜드숍 매장 하나에 진열되는 품목은 1,000~1,200개에 이른다. 매장 한쪽만 채우면 되는 숍인숍과는 비교할 수 없는 수량이다. 신생 브랜드는 물론이고 대기업조차 ODM 기업의 도움을 받지 않을 수 없는 상황이었다.

　주문이 밀려들면서 코스맥스 공장에선 기이한 현상이 벌어지기도 했다. 치열한 경쟁 관계에 있는 원브랜드숍 제품들을 코스맥스 공장에서 모두 생산하는 상황이 펼쳐졌다. 품목당 수량이 많아지면서 공장 시스템을 반자동화해 계획 생산이 가능해졌고, 가동률이 높아지자 생산성도 올라갔다. 고수는 최소의 원료로 최고의 제품을 만들어낸다. 기술력과 경험이 쌓이면서 적은 종류의 원료만 가지고도 더 우수한 효과를 내는 처방이 가능해지면서 코스맥스의 경쟁력은 계속 올라갔다.

원드랜드숍의 등장은 화장품 시장의 밸류 체인에도 근본적인 변화를 몰고 왔다. 연구와 생산을 담당하는 ODM 기업과 마케팅과 유통에 집중하는 브랜드 회사로 나뉘었고, 이것은 한국 화장품 개발 방식의 새로운 분업 모델로 자리 잡으며 화장품 전체 시장에 혁신을 주입하고 소비자 편익을 높이는 선순환을 만들어냈다.

원브랜드숍과 동반 성장을 하는 과정에서 코스맥스는 단순 제조를 넘어 혁신적 솔루션 제공자로 진화했고, 매 순간 생존을 걱정해야 했던 중소기업에서 탄탄한 중견기업으로 발돋움할 수 있는 첫 번째 기반을 닦을 수 있었다.

위기를 기회로!
준비된 성공

　더페이스샵의 성공과 원브랜드숍의 성장은 코스맥스에 다가온 우연한 행운이었을까? 아니면 미래를 정확하게 예측했기에 얻은 결과였을까? 둘 다 완전히 틀린 말은 아니지만, 더 정확하게는 '최고의 파트너가 되기 위한 준비'가 철저하게 되어 있었기에 다가온 기회를 잡을 수 있었다고 말할 수 있다. 자체 연구개발 능력을 보유하지 않았다면, 고객의 요구에 대응할 수 있는 빠른 생산 체제를 갖추지 못했다면 잡을 수 없는 기회였다.
　물론 그 과정이 녹록지는 않았다. 때론 회사의 명운을 건 선택의 순간도 있었다. 첫 번째 선택의 순간은 창업 직후에 찾아왔다.

"연구소장을 당장 해고하지 않으면 제휴 관계를 끊겠습니다."

전화로 들려오는 일본 제휴사 사장의 목소리는 격앙되어 있었다.

"입사한 지 얼마 안 됐으니 2~3년 뒤에 내보내면 어떻겠습니까."

"우리가 다 알아서 연구개발을 지원해 주는데 비싼 연봉 주고 연구소장을 데리고 있을 필요가 없잖아요. 기술 제휴와 연구소장, 둘 중 하나만 택하세요."

코스맥스는 1992년 설립 당시 자체 기술력이 부족했기에 일본 화장품 ODM 기업인 M사와 기술 제휴의 형태로 회사를 설립했다. 언젠가 일본을 따라잡을 독자 기술을 보유한 연구개발 및 생산 기업으로 회사를 키우리라는 포부를 품고 있던 이경수 회장은 연구소장을 채용해 기술연구소를 꾸렸고, 아마도 그 소식이 M사 대표의 심기를 건드렸던 것으로 생각된다.

제휴를 맺은 지 1년도 안 지난 상황에서 기술 제휴 관계를 끊으면 코스맥스 입장에선 당장 확보된 기술이 없으니 어려움을 겪을 게 불 보듯 뻔했다. 다급했던 이경수 회장은 바로 일본으로 날아가 이틀에 걸쳐 M사 대표를 설득했다. 하지만 그의 입장은 완강했다. 결국 연구개발을 조금 뒤로 미루고 M사와 제휴 관계를 이어갈 것이냐, 당장 닥칠 어려움을 무릅쓰고라도 연구개발 및 생산 전문회사라는 비전을 향해 스스로 체력을 키워나갈 것이냐의 갈림길에 섰다. 코스맥스로선 생존을 건 선택일 수밖에 없었다.

고심 끝에 이경수 회장은 제휴 중단을 선택했다. 연구개발 능력이 없으면 미래도 없다고 판단했기 때문이다. 만약 이때 좀 더 편한 길을 선택했다면 코스맥스는 일본 기술에 계속 의존해야 했을 것이고, 국내 화장품 유통 시장의 판이 바뀌는 절호의 기회를 잡지 못한 채 승승장구하는 경쟁사들을 부러운 눈으로 바라봐야 하는 처지에 놓였을 것이다. 요행히 더페이스샵과 파트너 계약을 체결했다고 하더라도 더페이스샵의 요구에 빠르게 대응하지 못했을 게 뻔하다. 익히 알려져 있듯 돌다리도 두드려보는 일본 기업은 일의 진행 속도가 느리기로 악명이 높다. 3개월간 250개 품목을 개발하는 건 어림도 없는 일이다.

지금 M사는 글로벌 시장에서는 물론이고 일본 시장에서조차 존재감이 희미해졌다. 자신들이 버리다시피 했던 코스맥스가 글로벌 화장품 ODM 기업 1위 자리를 10년째 유지하고 있는 모습을 보면 어떤 기분일까. 모르긴 몰라도 편한 마음은 아닐 것이다.

물론 M사가 코스맥스와 제휴 관계를 끊은 이유를 이해 못하는 바는 아니다. 합작의 형태였다면 코스맥스가 성장하는 데 따른 지분을 챙길 수 있었겠지만, 기술 제휴 관계였기에 M사는 코스맥스로부터 로열티를 받는 게 고작이었다. 그런 상황에서 자신들과 기술 제휴한 회사가 독자적인 연구개발 능력을 갖춰 미래의 경쟁자가 될 수 있음을 염려했을 것이다. 대한민국이 패스트 팔로워fast follower로서 일본을 따라잡던 시절, 비단 화장품만 아니라 다른 업종에서도 일본 기업이 한국 기업에 기술 이전을 제대로 해주지 않는 일들은 비일비재했다.

하지만 M사의 대표가 놓친 것이 하나 있다. 사람 사이의 관계와 마찬가지로 기업 사이의 계약 관계는 양측 모두에게 이득이 있어야 지속된다는 점이다. 코스맥스의 성장과 M사의 후퇴를 가른 것은 아마도 이런 태도의 차이에서 비롯되지 않았을까.

우연을 기회로 바꾸는 힘

서서히 무대의 중심에서 밀려난 M사와 달리 독자적인 연구개발의 길을 선택했던 코스맥스의 결단은 의외의 장면에서 행운을 불러왔다. 이경수 회장은 충남 예산농공단지 땅 8,000평을 매입해 공장을 짓기로 결정했다. 1년 6개월 전부터 고객사와 약속되어 있던 제품을 생산하려면 약속된 날짜에 공장 오픈이 절대적으로 필요한 상황이었다.

문제는 공장 허가였다. 땅과 자금만 있으면 얼마든지 공장을 지을 수 있을 줄 알았는데, 예산농공단지 조성이 늦어지는 데다 공장 허가는 하세월이었다. 고객과 약속한 날짜는 시시각각 다가오는데 제출했던 서류가 계속 반려되는 상황이 이어지면서 그야말로 발등에 불이 떨어졌다.

발만 동동 구르고 있던 그때, 직원 중 한 명이 경기도 화성의 향남제약공단에서 공장을 임차하면 어떻겠냐는 제안을 했다. 경기도 화성이라면 충남 예산보다 입지가 훨씬 좋으니 망설일 이유가 없었다. 공단에 입주한 제약사 한 곳과 구두로 공장 임대차 계약을 약속한 후 입주 신고를 하기 위해 면사무소로 달려갔다. 그런데 담당자의 입에서 당황스러운 이야기가 흘러

나왔다. 제약 업종이 아니기 때문에 공단 입주 자체가 안 된다는 이야기였다.

고객사와 약속한 납품 기일이 턱밑까지 다가온 상황에서 손 놓고 있을 수만은 없었다. 당장 보건사회부(지금의 보건복지부)로 쫓아갔고, 담당자로부터 의외의 답을 들을 수 있었다. 한계에 부딪힌 제약공단에 화장품 공장이 들어서면 공단의 사업 다각화에도 도움이 될 거라는 이야기였다.

솟아날 구멍이 생겼다는 생각에 그 길로 경기도청으로 달려갔다. 하지만 서류를 이리저리 뒤적이던 담당 계장의 표정이 심상치 않았다. 이미 철저한 사전 사업계획 아래 제약회사 30여 곳과 경기도가 조성한 공단이기 때문에 서류상으로 화장품 공장은 입주가 원천적으로 불가하다는 이야기였다. 뾰족한 수가 없다는 생각에 절로 한숨이 터져 나온 그때, 담당 계장이 무심코 던진 한 마디가 이경수 회장의 귀에 박혔.

"그런데 이 지역이 개발촉진구역이라 업종 제한이 없긴 합니다."

어쩌면 길이 있을지도 모른다는 희망에 이경수 회장은 그 길로 다시 처음 찾아갔던 면사무소 담당자에게 달려갔다. 반응은 예상했던 대로였다. 그는 고개를 저을 뿐이었다. 그래도 이경수 회장은 포기하지 않고 계속 그를 쫓아다녔다.

첫 자가 공장을 마련한 이경수 회장은
3년마다 하나씩 공장을 세우겠다는 꿈을 품었다

정성이 통했던 걸까. 늘 고개만 젓던 그로부터 어느 날 면사무소로 오라는 연락을 받았다. 두 손 두 발 다 들었다는 표정의 그가 명단이 적힌 서류를 내밀며 이렇게 말했다.

"여기 적힌 공단 입주사 전체의 동의서를 받아올 수 있겠어요?"

30개가 넘는 기업 전체의 동의를 얻는 데만 3개월이 걸렸다. 그야말로 천신만고 끝에 공장을 빌려 생산을 시작할 수 있었다. 이경수 회장은 이곳에서 처음 생산한 화장품 샘플을 한동안 가슴에 품고 다니며 위기가 닥칠 때마다 그 시절의 초심을 되새기곤 했다.

M사와 결별하고 자체 기술로 승부를 걸어보겠다는 이경수 회장의 홀로서기 대가는 혹독했다. 하지만 암담한 시기를 이겨낸 코스맥스의 앞에는 '꿈'이라는 선물이 당도해 있었다. 임대 공장에서 벗어나 3년 만에 자신의 공장을 갖게 된 이경수 회장은 3년마다 공장 하나씩을 갖겠다는 꿈을 품기 시작했다. 소박하지만 웅대했던 그 꿈은 창업 후 30년 넘게 계속 실현됐다.

위기에 더 강해지는
코스맥스의 비결

창업 초기의 이런 우여곡절이야 대다수 중소기업이 겪는 전형적인 스토리지만, 이 이야기를 길게 한 이유가 따로 있다. 화성 향남제약공단에 임대 공장을 마련하자는 아이디어를 낸 이가 바로 M사에서 눈엣가시처럼 여겨 내보내라고 했던 그 연구소장이었다. 회사를 절체절명에서 구한 직원의 아이디어와 문제를 끝까지 해결하기 위해 요령 부리지 않고 담당 실무자를 만나 정면 돌파했던 이경수 회장의 의지와 끈기가 이뤄낸 합작품이었다.

행운은 이것 말고도 또 있었다. 어떻게 소식을 들었는지 신문에 일본 제휴사와 관계가 끊어지며 코스맥스가 경영 위기를 맞았다는 기사가 실렸다. 알고 보니 경쟁사에서 일부러 신문사에 내용을 흘린 것이었다. 이런 내막이 업계에 알려지면서 기대하지 않았던 대형 고객사를 확보하는 행운이 찾아왔다. 나중에 미국 유명 여배우 멕 라이언을 모델로 내세운 보디·헤어 케어 브랜드 '섹시 마일드'로 업계에 일대 파란을 일으켰던 동산씨앤지가 코스맥스를 파트너사로 선택했다. 남의 불운을 이용하는 경쟁사의 도덕성에 실망한 동산씨앤지가 코스맥스에 손을 내밀어준 것이다.

재난과 행운, 이 둘은 기업을 경영하다 보면 반드시 찾아오기 마련이다. 원브랜드숍과 함께 한국 화장품 산업을 한 단계 끌어올리며 밸류 체인의 중심에 선 코스맥스의 첫 번째 스토리는 행운 한 스푼이 얹어진 끈기와 의지의 결과물이었다.

18세기 영국의 유명한 문필가 호러스 월폴 Horace Walpole은 친구에게 보낸 편지에서 '세렌디피티 serendipity'라는 단어를 처음 사용하며 특별한 발견의 개념을 정의했다. 월폴은 단순한 행운이나 우연과는 다른 차원의 '발견'을 강조했다. 그의 정의에 따르면, 세렌디피티는 관찰력, 열린 사고, 그리고 준비된 마음에서 나온다. 그저 운이 좋은 것이 아니라 우연히 얻은 단서 속에서 중요한 의미를 찾아내는 능력이 핵심이라는 말이다.

세렌디피티는 단순한 개인의 발견에 그치는 것이 아니라 세상을 움직이는 보편적인 원리이기도 하다. 자연의 법칙을 들여다보면 모든 것은 일정한 흐름 속에서 움직이며, 기회 또한 일정한 궤도를 따라 순환한다. 원자핵을 중심으로 전자가 돌고, 태양을 중심으로 위성이 돈다. 인간 사회도 다르지 않다. 기회는 모두에게 주어지지만, 그 기회는 보려는 사람에게만 보이고, 준비된 사람만이 그것을 자신의 것으로 만들 수 있다. 예상치 못한 순간에도 가능성을 포착할 수 있는 열린 태도와 그 기회를 끝까지 실행으로 옮기는 용기가 필요하다.

월폴이 말했던 세렌디피티는 오늘날 기업에도 중요한 교훈을 준다. 혁신적인 발견과 성장은 단순한 우연이 아니라 보이지 않는 기회를 포착하는 능력에서 비롯된다. 우리의 일상에서도 어쩌면 세렌디피티의 순간이 숨어 있을지 모른다. 무심코 지나쳤던 단서 속에서 새로운 기회를 찾는 여정을 바로 지금 시작할 수도 있지 않을까.

세계 최고 연구소의 꿈

　코로나19 팬데믹이 한창이던 2021년 7월 1일 서울대학교 경영대학 최고경영자과정 특강에 나선 이경수 회장은 전대미문의 감염병 위기 속에서도 매년 30% 이상의 매출 성장을 지속하고 있는 비결을 묻자 이렇게 대답했다.
　"1992년부터 키워온 연구개발 역량은 신종 바이러스가 세계 경제를 마비시킨 상황에서도 코스맥스를 지키고 키우는 힘이 되고 있습니다."
　'세계 최고의 화장품 연구소가 돼야 한다'는 제1원칙은 창사 이후 33년 동안 코스맥스가 변함없이 지켜온 가치다. M사와 결별하면서까지 지켜낸 신념으로 코스맥스는 현재 전 세계

7개의 R&I센터에 연구인력 약 1,100명을 보유하고 있다. 이곳에서 지난 30여 년간 최고, 최초의 혁신 기술들이 탄생했다. 지금까지 코스맥스가 출원한 지적재산권은 3,324건에 이르며, 2024년 1년간 출원한 특허만 해도 210개나 된다. 세계 최고의 연구소를 갖추면 아무리 환경이 변해도 경쟁 우위에 설 수 있다는 신념으로 매년 매출액의 5% 이상을 연구개발에 투자한 결과다.

코스맥스가 일군 혁신 중 어느 것 하나 저절로 주어지는 것은 없었다. M사와 결별 후 1996년 연구개발 역량을 높이기 위해 일본 ITC와 전략적인 기술 제휴를 맺었다. 제휴를 통해 코스맥스는 ITC로부터 원료 가짓수를 줄이고도 효능과 사용감을 높일 수 있는 처방을 이전받았다. 당시만 해도 화장품 한 병에 많게는 30여 가지 원료가 사용됐지만, 코스맥스는 이것을 3분의 2로 줄이는 기술을 확보했다. 원료의 가짓수를 줄이면 당연히 더 저렴한 비용으로도 높은 품질의 제품을 생산할 수 있다. 이 기술을 확보한 덕분에 더페이스샵의 가성비 높은 제품을 개발할 수 있었다.

첫 시작부터 녹록지 않았던 연구개발 여정은 그대로 코스맥스 성장의 역사이기도 하다. 단순 제조사인 OEM 기업에서 기술력을 갖춘 ODM 기업으로, 수많은 ODM 기업 가운데 하나에서 최고의 기술력을 갖춘 넘버원 ODM 기업으로 성장하는 과정에서 코스맥스를 대하는 고객사의 태도도 점차 변해갔다. 가장 좋은 예가 L사다.

L사의 관계자를 처음 만난 것은 2001년 열린 홍콩 화장품 박람회장에서였다. 당시 일본의 엔화 강세 기조가 이어지면서 L사는 협력업체 다각화를 위해 한국 ODM 기업에 관심을 보였다. 글로벌 화장품 브랜드 고객사가 절실했던 코스맥스로서는 절호의 기회였다. 하지만 부푼 기대와 달리 그 과정이 녹록지 않았다. L사 같은 글로벌 톱 브랜드의 파트너가 되는 것은 역시 쉬운 일이 아니었다.

화성 공장에 L사 임원 다섯 명이 방문하던 날, 일이 생각만큼 쉽게 진행되지 않을 거란 사실이 분명해졌다. 공장과 연구소를 둘러보고 갈 줄 알았던 다섯 명의 고위급 임원들은 회사 경영방침과 비전뿐만 아니라 조직 문화와 인사 관리에 대해서도 관심을 보였다. 이후에도 L사는 꾸준히 전문가를 파견해 생산 환경, 품질 관리 수준을 점검했고, 폐수나 환경 문제까지 꼼꼼하게 체크했다.

L사의 글로벌 기준에 맞춰 생산과 품질 관리 수준을 높이고 인사 관리 체계까지 개선했지만, 쉽게 비즈니스로 이어지지는 않았다. 하지만 이경수 회장은 3년 가까이 이어진 L사와의

논의를 '공짜 컨설팅'으로 받아들였다. "돈을 주고 컨설팅도 받는데, 우린 L사 전문가로부터 공짜로 컨설팅을 받고 있지 않냐"며 직원들을 다독였다.

L사의 요구 사항에 대응하며 회사의 역량을 차근차근 높이는 과정에서 코스맥스는 생산, 품질, 환경, 인사 관리 수준을 L사의 글로벌 공장 수준까지 높였고, 3년 만인 2004년에 결국 L사로부터 첫 주문을 받았다. 아시아 시장용 브랜드의 아이섀도 1개 품목으로 시작한 L사와의 거래는 양사의 신뢰가 쌓이면서 점차 확대됐다. 저렴한 브랜드에서 프레스티지 브랜드의 생산까지 맡게 됐다.

코스맥스와 L사의 상생 협력 관계는 양사의 매출 확대를 가져온 것은 물론이고 코스맥스가 L사의 인도네시아와 미국 공장을 인수하는 보기 드문 사례를 만들어내기도 했다.

제조사에서
판타스틱 파트너가 되기까지

    양사가 탄탄한 상생 관계를 구축하는 과정에서 빠뜨릴 수 없는 것이 젤 아이라이너Gel Eye liner•다. 젤 아이라이너는 2007년 코스맥스가 독자적으로 개발한 대표적인 색조 화장품이다. 당시까지 시중에 판매되는 아이라이너는 크게 리퀴드 타입과 펜슬 타입의 두 종류였다. 붓처럼 사용하는 리퀴드 타입은 라인을 그리기가 어렵지만 깔끔하고 선명하게 선이 구현되는 장점이 있고, 반대로 펜슬 타입은 그리긴 쉽지만 선이 깔끔하게 나오지 않아 여러 번 덧그려야 하는 단점이 있다. 이 두 가지 방식의 장점을 결합한 제품이 바로 젤 아이라이너다.

    젤 아이라이너는 국내 원브랜드숍 브랜드가 소개한 이후 부드러운 발림성과 뛰어난 지속력으로 선풍적인 인기를 끌었다. 원브랜드숍의 전성기가 시작되면서 한국 제품을 눈여겨보던 L사는 2008년부터 젤 아이라이너를 주문하기 시작했다. 지

• 젤 타입의 아이라이너로, 크림과 고체의 중간 질감을 가진 제품. 부드럽게 발리면서도 번짐이 적고, 선명한 라인을 연출할 수 있는 아이라이너. 브러시나 팁으로 사용하는 경우가 많으며, 지속력과 발색력이 우수하다.

금까지 코스맥스가 생산한 젤 아이라이너 3억 1,000개가 L그룹의 브랜드로 글로벌 시장에서 판매됐다. 이를 계기로 2010년에는 L사로부터 'Innovation Excellence Award'를 수상했고, 2012년엔 L그룹이 거래하는 전 세계 2만 3,000여 기업 중 100개 우수 협력사만 참가하는 'Suppliers Day'에 3대 완제품 생산 협력업체로 선정돼 초청받기도 했다.

젤 아이라이너는 시작에 불과했다. 이후 M브랜드의 젤리돔 블러셔, 프리미엄 브랜드의 쿠션 파운데이션 같은 세기의 빅 아이템이 탄생했다. 2016년 출시 이후 지금까지 쿠션 브랜드 평판 1위를 기록하고 있는(한국기업평판연구소, 2024) Y브랜드의 쿠션 파운데이션은 L사가 코스맥스를 전략적 파트너로 대하기 시작한 결정적인 계기가 된 제품이다. 자연스러운 메이크업을 선호하는 아시아 시장과 달리 완벽한 커버력을 중시하는 미국과 유럽 시장에서도 통할 만큼 높은 커버력을 갖도록 개발한 것이 L사 관계자의 마음을 사로잡았다.

"코스맥스는 판타스틱 파트너다."

2016년 4월 파리에서 열린 L사의 글로벌 전략회의에서 L사의 생산운영 최고책임자는 코스맥스를 '판타스틱 파트너'로 칭하며 유럽에 와서 화장품 공장을 해보지 않겠느냐고 제안하기도 했다. 그만큼 코스맥스의 기술력을 신뢰한다는 뜻이다.

2024년은 코스맥스와 L사의 20년 파트너 역사에서 특별한 해였다. 그동안 L사는 코스맥스에 색조 제품 개발과 생산만을 맡겼다. 스킨케어 제품에 대한 L사의 자부심이 워낙 큰 것도 이유겠지만, 색조 제품이 손이 더 많이 가기 때문이기도 하다. 한 가지 제품에도 다양한 색을 생산해야 하고 새로운 제형의 제품을 개발하면 설비 투자도 새로 이뤄져야 하므로 돈과 수고가 스킨케어 제품에 비해 많이 들어간다. 그래서 L사 같은 유명 브랜드들은 스킨케어 제품은 자체 생산하고 색조 제품은 코스맥스와 같은 ODM 기업에 맡긴다.

코스맥스는 새로운 스킨케어 기술을 개발할 때마다 L사에 적극적으로 제안을 했지만, L사는 그동안 큰 관심을 보이지 않았다. 그러던 L사가 코스맥스의 신기술을 활용한 스킨케어 제품을 자신의 프리미엄 주력 브랜드로 출시했다.

이 스킨케어 제품의 핵심은 리포좀Liposome•이다. 리포좀은 세포 내에서 물질을 전달하거나 세포 밖으로 배출하는 역할을 한다. 코스맥스가 개발한 제품은 피부 유효 성분을 넣은 리포

• 피부 깊숙이 유효 성분을 전달하기 위해 사용되는 지질 이중막으로 구성된 인공적인 미세구조체. 피부에 친화적인 성분으로 이루어져 있어, 보습력 향상 및 기능성 성분의 침투력을 높여준다.

좀을 함유한 화장품이다. 화장품을 바르면 리포좀이 피부 각질층을 이루는 세포 사이로 침투해서 그 아래의 피부세포에 도달해 세포 안으로 들어간다. 그 뒤 유효 성분이 리포좀 밖으로 나오며 피부에 작용하는 원리다.

화장품은 의약품에 사용되는 유효 성분을 아예 사용하지 못하거나 사용하더라도 성분 함유량에 제한을 받는다. 가령 주름 개선 기능을 가진 레티놀retinol은 안전상의 이유로 화장품에는 적은 함량만 쓰도록 규제하고 있다. 적은 함량으로도 의약품만큼 효과가 나게 하려면 피부 속까지 성분이 스며들도록 하는 방법밖에 없다. 그래서 전 세계 화장품 연구자들은 피부 전달체 기술인 리포좀에 주목해 연구를 진행하고 있다.

문제는 리포좀의 안정성이다. 제조 후 시간이 지나면 제품 안에서 리포좀이 사멸하고 만다. 코스맥스는 제조 2년 후에도 리포좀이 그대로 살아있도록 장기 안정도를 확보한 기술을 개발했다. 2013년 연구를 시작한 지 10년 만에 일궈낸 성과였다. 오랜 시간 방법을 찾지 못했던 L사는 코스맥스의 신기술 개발 소식에 놀라면서도 믿지 않는 눈치였다. 코스맥스는 포항가속기연구소에서 리포좀의 장기 안정성 성능을 입증해 보였다. 실제로 이 기술이 적용된 L브랜드 신제품 품평에서 평가단의 90% 이상이 성능에 만족감을 드러냈다.

매 순간 혁신에 집중하는 판교 코스맥스 R&I센터

기회가 있을 때마다 이경수 회장은 직원들에게 혁신의 중요성을 강조한다.

"혁신은 제품이나 서비스가 낡았을 때 시작하는 것이 아니라 가장 처음부터, 매 순간 숨 쉬듯이 해야 한다."

연구개발에 대한 코스맥스의 집념은 유별나다. 기술 혁신이 곧 경쟁력인 화장품 ODM 업계에서 연구개발은 생존과 성장의 필수조건이기 때문이다. 그러나 연구개발에 투자한다고 해서 모두가 선두에 설 수 있는 것은 아니다. 차이를 만드는 것은 집념, 때로는 집착이라 불릴 정도로 한계를 넘어서려는 의지다. 어제의 정답이 오늘의 정답이 아닌 치열한 경쟁 속에선 숨 쉬듯이 혁신하는 기업만이 시장을 주도할 수 있다. 그래서 코스맥스 연구소의 이름은 R&D센터가 아닌 R&I$^{Research\&Innovation}$센터다. 실패를 두려워하지 않고, 끝없는 질문과 실험을 반복하며 기술의 한계를 뚫고 나아가 혁신을 이뤄내는 것, 코스맥스는 연구개발을 하나의 업무가 아닌 신념으로 여긴다. 이러한 신념이 오늘날의 코스맥스를 만들었고 내일의 비전을 꿈꾸게 한다.

혁신은 제품이나 서비스가 낡았을 때
시작하는 것이 아니라
가장 처음부터,
매 순간 숨 쉬듯이 해야 한다.

시장을 넓히다
COSMAX
코스맥스 2.0

세계로 뻗어가는 코스맥스

대한민국
판교 본사(화성)
판교 R&I 센터
BTI R&I 센터
화성/ 평택 공장
PHARMA 제천/ 오송 공장
PET 괴산 공장
NEO 부평공장
BIO 제천공장
NBT 이천공장

중국
상해 R&I 센터
상해 공장
BIO 상해 R&I 센터
BIO 상해 공장
NBT 영업 오피스

중국
광저우 R&I 센터
광저우 공장
이센생물과학유한공사(이센JV)

프랑스
파리 오피스

아랍에미리트
두바이 오피스

인도
뭄바이 오피스

태국
방콕 R&I 센터
방콕 공장

베트남
호치민 오피스

말레이시아
쿠알라룸푸르 오피스

인도네시아
자카르타 R&I 센터
자카르타 공장

● 현재   ● 예정

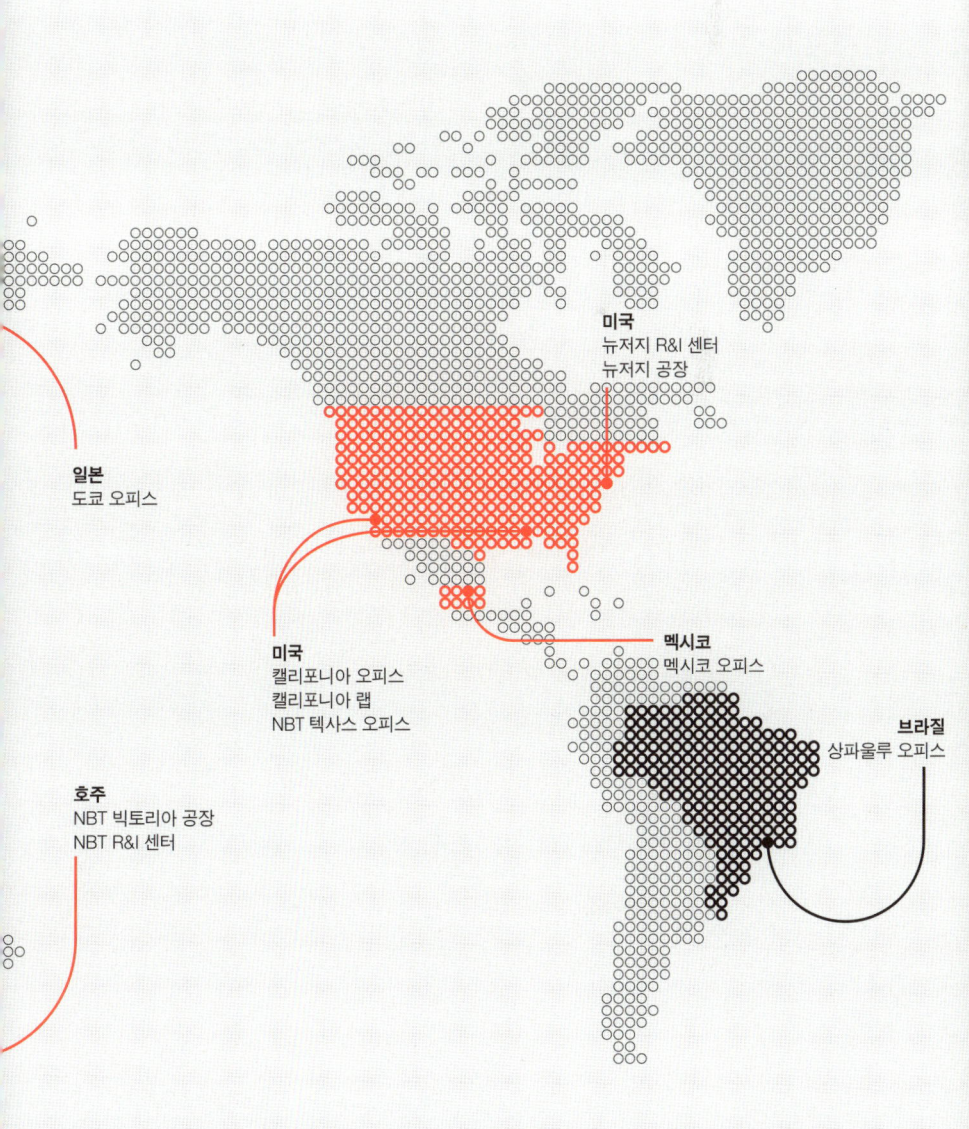

해외 시장에서의 진정한 성공은
단기적인 이익이 아니라
직원과 고객, 현지 사회 모두가
공감하는 가치를 실천하며 쌓아가는
신뢰에서 비롯된다.
이는 코스맥스가 단순히 ODM 기업을 넘어
글로벌 시장의 리더로 자리 잡게 한
핵심 전략이다.

중국에서
엇갈린 운명

한국 화장품 시장에 일대 혁신을 몰고 왔던 원브랜드숍의 인기도 영원하진 못했다. 2025년 현재 한국을 찾는 외국인 관광객들이 필수코스로 들르는 곳이 있다. 경복궁도 남산타워도 남대문도 아닌, 도심 중심가 어디를 가도 눈에 띄는 올리브영이 그 주인공이다. 외국인 관광객들을 위한 통역기까지 도입한 명동과 홍대 올리브영 매장은 매출의 90%를 외국인으로부터 거둬들이고 있을 정도다. 방학에 일시 귀국한 유학생들도 선물이나 지인들로부터 부탁받은 제품을 사기 위해 쇼핑백을 가득 채우고 나서야 매장을 나온다. 매장을 나서기 전 직원에게 최신 제품을 확인하는 것도 잊지 않는다. 가져간 신제품을 친구들 앞에서 자랑할 심산이다. 올리브영은 K-뷰티의 글로벌 위상이 얼마나 강력해졌는지 실감케 해준다.

'이제 하나는 지겹다.' 올리브영은 다양한 브랜드를 소개하는 편집숍, 멀티숍이다. 2010년대 중반부터 소비자들은 유행하는 제품을 한곳에서 만날 수 있는 멀티숍을 선호하기 시작했다. 올리브영은 소비자 데이터 분석을 통해 트렌드를 빠르게 반영한 인기 제품을 선별해 제공하는 철저한 고객 중심 상품 큐레이션을 통해 K-뷰티의 성지로 거듭났다. 올리브영처럼 다양한 브랜드와 변화하는 트렌드를 가장 빠르게 만날 수 있는 멀티숍이 화장품 유통의 주력 채널로 자리 잡으면서 원브랜드숍은 하나둘씩 골목에서 자취를 감췄다.

올리브영 진열대에 올라 있는 제품의 상당수가 코스맥스에서 제조한 제품이라고 자랑하려는 것은 아니다. 불과 10년 사이 화장품 오프라인 유통의 주력 채널이 원브랜드숍에서 멀티숍으로 이동할 만큼 변화의 속도가 빨라졌다는 점을 지적해두고 싶다.

더욱이 그사이 온라인 유통 채널의 힘은 더 막강해졌고, 코로나19 팬데믹을 지나며 그 흐름은 더 빨라졌다. 홈쇼핑에 이어 인터넷 쇼핑몰, SNS, 라방(라이브 방송)에 이르기까지 화장품을 구매하는 경로는 더 다양해졌다. 앞으로 화장품 유통 시장의 변화가 어떤 방향으로 향할지는 지금으로선 알 도리가 없다. 다만 한 가지 확실한 건 변화의 속도가 지금까지와는 비교할 수 없을 정도로 빨라질 것이라는 사실이다.

이는 비단 화장품 산업에서만 일어나고 있는 현상은 아니다. 21세기 현대 사회에서 소비자의 요구와 시장 환경의 변화 속도는 그 어느 때보다 빨라지고 있다. 디지털 혁명과 글로벌화가 가속화되면서 기업은 이제 단순히 적응을 넘어 변화를 주도해야만 생존할 수 있는 시대가 되었다.

과거의 성공 공식이 더 이상 통하지 않는 불확실성의 시대에 기업들이 선택할 수 있는 전략은 크게 두 가지다. 첫째, 환경에 민첩하게 적응하는 것. 둘째, 변화를 선도하며 새로운 시장 질서를 창출하는 것. 이 가운데 단순히 변화에 적응하는 것으로는 부족하다. 적응하는 순간 시장의 흐름은 이미 다른 방향으로 향하고 있을지 모른다. 이럴 때 필요한 것이 변화 속도를 능가하는 리더십과 새로운 시장 창출 능력이다. 콘텐츠 소비 패턴의 변화를 내다보고 DVD 대여 서비스업에서 글로벌 OTT 1위 기업으로 변신한 넷플릭스의 성공 신화는 변화를 주도하는 전략적 사고와 실행의 중요성을 보여준다.

시장에서 1위나 2위에 오르지 못한 사업부를 과감하게 정리하는 전략으로 내부 혁신과 지속적인 개선을 통해 회사를 성장시켰던 잭 웰치Jack Welch GE 전 회장은 "위기가 찾아온 후에 변화하려고 하면 그때는 이미 늦었다"라는 유명한 말을 남겼다. GE가 잘나가던 시기에도 미래의 성장을 위해 회사의 자원을 집중했던 그는 "성공적인 시기에도 스스로를 경쟁자로 바라보고 끊임없이 개선해야 한다"고 강조했다.

이제 기업들은 "변화에 어떻게 적응할 것인가?" 대신 스스로 이렇게 물어야 한다.

"변화를 어떻게 이끌 것인가?"

글로벌 1위 기업의
이름을 바꾼 선택

코스맥스가 이 물음에 대한 답을 내놓은 것은 2004년이다. 이 해에 코스맥스는 몇 년의 준비 끝에 글로벌 진출의 신호탄으로 중국 상하이에 코스맥스 최초의 해외 법인을 세웠다. 좁은 국내 시장만으론 성장에 한계가 있다고 판단했기 때문이다.

지금이야 한정된 국내 시장을 패스하고 애초부터 글로벌 시장을 목표로 창업해 성공하는 K-뷰티 브랜드의 사례가 수두룩하지만, 2000년대 초반 한국 화장품은 수출보다 수입이 더

코스맥스 차이나 법인

많은 시장이었다. 1992년 네 명으로 시작해 생존을 위한 분투의 10년을 보낸 코스맥스는 중국 시장에서 두 번째 성장의 기회를 찾았다.

왜 하필 중국이었을까? 지금은 중국 화장품 시장 규모가 세계 최대 시장인 미국을 넘볼 만큼 성장했지만, 2000년대 초반까지만 해도 중국은 화장을 하지 않는 나라였다. 전통적으로 화장보다는 자연스러운 외모를 선호하는 경향이 강했던 중국에선 우리나라처럼 화장품 소비 문화가 뿌리내리지 못했다. 그런데도 '13억 인구가 로션 하나씩만 사도 대박이지'라는 생각으로 차이나 드림을 꿈꾸고 진출했다가 울고 나오는 기업도 부지기수였다. 선제의 중요성을 설파했던 잭 웰치조차 2000년 은퇴 기자회견에서 다음과 같은 말을 남겼다.

"중국은 하나의 틀로 이해할 수 있는 나라가 아니다. 중국 시장에 쉽게 접근해서는 안 된다."

실제로 GE는 15년이나 철저히 중국을 연구한 후 진출했다.

중국 시장 진출을 위해 박람회에 쫓아다니며 다양한 방법을 모색하던 시기, 코스맥스는 당시 기술 제휴 관계였던 글로벌 화장품 ODM 1위 기업인 I사로부터 중국에 함께 진출하자는 제안을 받았다. I사는 1972년 이탈리아에서 설립된 세계적인 화장품 ODM 기업으로, 2015년 코스맥스에 1위 자리를 내주기 전까진 긴 세월 동안 글로벌 1위 자리를 굳건히 지킨 화장품 ODM 명가다. 2000년대 초반 매출 300억 원 내외였던 코스맥스로선 창업 당시부터 롤모델이었던 기업이, 그것도 그룹의 회장이 직접 나서서 합작을 제안해 오니 마다할 이유가 없었다. 무엇보다 세계 1위 기업의 파트너가 될 절호의 기회였다. 중국에 독자적으로 진출하는 것이 만만치 않은 상황에서 I사와 제휴한다면 1위 기업의 명성에 기대어 훨씬 수월하게 중국 사업의 기반을 다질 수 있을 거라는 기대도 없지 않았다.

합작회사를 운영하기 전에 기술 제휴가 먼저 이루어졌다. 하지만 양사의 관계는 오래 지속되지 않았다. 시간이 가면서 약속했던 기술 이전은 이뤄지지 않았다. 게다가 중국에 함께 진출하자는 제안도 거둬들이고, 이제는 중국에서 경쟁사가 되었으니 제휴 관계도 끊자고 했다. I사는 중국의 값싼 인건비를 활용해 자사의 고객사에 납품할 샘플의 생산 비용을 줄일 심산이었고, 아시아에서 직접 공장을 운영한 경험이 없으니 코스맥스에 중국 생산을 맡기려고 한 것이다.

결국 얼마 지나지 않아 코스맥스는 중국 시장에서 홀로서기에 나섰다. 이유는 간단했다. 중국 시장을 바라보는 시각에서 코스맥스는 I사와 근본적인 차이가 있었다. I사는 인건비가 저렴한 중국 수출자유지역에 공장을 마련해 전 세계에 제품을 공급할 의도였고, 코스맥스는 언젠가 중국 화장품 내수 시장이 커질 것으로 확신하고 중국 로컬 화장품 기업을 주요 타깃으로 삼았기 때문이다. 그래서 코스맥스는 중국 사람들이 가장 신뢰하는 상하이에 공장을 세웠다.

지금도 여전히 이경수 회장과는 막역한 사이인 I사의 창업주는 사석에서 자신의 뼈아픈 판단 실수를 인정했다. "중국 시장에 대한 오판이 코스맥스와 우리의 운명을 바꾼 결정적인 이유였다"고.

상하이에서 시작된 코스맥스의 질주

코스맥스가 중국 시장에 공을 들이던 2000년대 초반 중국은 '세계의 공장'으로 불리며 제조업 중심의 경제를 기반으로 성장을 구가했다. 저렴한 노동력과 대규모 생산 설비, 정부의 정책 지원에 힘입어 제조업이 급격하게 발전한 시기다. 중국 정부는 자유무역시험구를 조성해 수출입 절차를 간소화하고 세금 혜택을 부여하며 해외 기업이 진출하기에 유리한 환경을 조성했다. 글로벌 제조사들은 값싼 노동력이 넘치는 중국에 앞다퉈 공장을 세우고 거기서 제조한 제품을 전 세계로 실어 날랐다.

I사가 코스맥스에 합작회사를 제안한 것도 같은 맥락이었

다. I사는 중국을 저렴한 노동력과 부자재를 조달할 수 있는 생산기지로 바라보고 있었다. 고가의 이탈리아산 부자재 대신 저렴한 중국산 부자재를 사용하면 제조 원가를 낮출 수 있는 데다 중국 정부에서 세금 혜택까지 주니 비용 면에서 큰 이점을 누릴 수 있을 것이란 판단이 깔려 있었을 것이다.

이후 몇 년 지나지 않아 중국을 만만하게 봤던 기업들이 공장과 설비를 그대로 남겨둔 채 야반도주하거나 고개를 절레절레 흔들고 철수한 사례를 우리는 수도 없이 봐왔다. 초기에는 저렴한 인건비가 매력적이었지만, 중국 경제가 성장하면서 인건비도 계속 상승해 더 이상 제조 중심의 비즈니스 모델은 중국에서 경쟁력을 갖지 못하게 됐고, 엎친 데 덮친 격으로 자국 기업 우대 정책을 펴기 시작한 중국 정부의 돌변한 태도도 기업들을 당혹케 했다.

이러한 요인들이 복합적으로 작용해 많은 기업이 중국에서 철수하거나 뒤늦게 사업 전략을 전환하는 결과를 낳았다. 이들이 놓친 것은 소비 시장으로서 중국이 가진 잠재력이다. 당시 많은 기업이 중국 경제의 발전과 소비 시장 확대라는 현실을 제대로 읽지 못했다.

코스맥스가 중국을 주목한 것이 바로 이 지점이다. 코스맥스가 중국에 진출하기 전인 2000년대 초반부터 이미 중국 현지 화장품 기업들은 중국에 합작사를 세우자는 제안을 해왔다. 2004년 기준 중국의 1인당 명목 GDP는 약 1,500달러로 대한민국의 10분의 1 정도에 불과했다. 누군가에겐 이것이 안 될 이유였지만, 코스맥스는 오히려 이것이 더 큰 기회라고 생각했다.

하버드대학교 경영학 교수인 클레이턴 크리스텐슨[Clayton M. Christensen]은 "파괴적 혁신은 기존 시장의 선도 기업들이 매력적이지 않다고 여기는 시장 계층에서 뿌리를 내리는 특징이 있다"고 말한 바 있다. 파나소닉 창업자이자 일본 경영의 신이라 불리는 마쓰시타 고노스케[松下幸之助]도 "중역의 70%가 찬성하는 안건은 이미 때늦은 것이고, 70%가 반대하는 안건은 가까스로 앞서나갈 수 있다"며 선제의 중요성을 설파했다.

중국의 GDP는 반드시 올라갈 것이고, 소비 시장이 열리면 화장품에 중국인들의 지갑이 열릴 것이라고 코스맥스는 확신했다. 확신이 있으니 주저할 이유가 없었다. 시장이 열리고 나서 진출하려고 하면 이미 때는 늦기 때문이다.

메이드 인 상하이로 초격차를 완성하다

2008년 미국 리먼 브러더스 사태로 촉발된 글로벌 금융위기가 세계 금융 시스템과 경제에 심각한 타격을 입힐 당시, 코스맥스 중국 법인은 절로 나오는 휘파람을 참느라 애를 써야 할 지경이었다. 중국 정부가 경기 부양을 위해 4조 위안(약 800조 원)이라는 막대한 돈을 풀었고, 그중 상당한 금액이 가전제품 구매 보조금 및 농촌 소비 진작 프로그램으로 흘러 들어갔다. 이때 중국 현지 화장품 브랜드가 정부 정책의 혜택을 가장 많이 누렸고, 이들의 성장과 함께 코스맥스에도 기회가 왔다.

이 흐름을 이해하려면 우선 중국 화장품 시장의 구조를 알아야 한다. 당시 중국 화장품 시장은 수입 프리미엄 시장과 현지 브랜드 중심의 중저가 시장으로 나뉘어 있었다. 또한 중국 화장품 시장에서 자국 브랜드에 대한 소비자들의 신뢰는 낮았다. 중저가 상품은 베이징, 상하이, 광저우 등 소비 수준이 높은 1·2선 도시에는 침투하지 못했고, 중소도시인 3·4선 도시의 저소득층을 대상으로 삼았다. 2004년 중국 법인을 출범한 후 코스맥스가 몇 년간 뚜렷한 실적을 거두지 못하고 고전했던 이유가 여기에 있다.

중국을 소비 시장으로 바라본 코스맥스는 중국 법인 설립 초기부터 중국 현지 화장품 기업과 함께 성장해 나가겠다는 비전을 세우고 상하이에 공장을 세웠다. 공장 설립 절차부터 인프라까지 모든 조건이 상하이는 다른 지역에 비해 좋지 않았다. 땅값은 비쌌고 인건비는 더더욱 비쌌다. 그런데도 굳이 상하이에 공장을 세운 것은 '메이드 인 상하이' 제품에 대한 중국인들의 전적인 신뢰 때문이었다.

코스맥스는 상하이라는 무형의 브랜드 자산에 주목했다. 중국의 수도 베이징이 역사와 학문, 외교의 중심지라면, 중국 최대 금융 허브인 상하이는 비즈니스의 중심지로서 중국의 패션, 라이프스타일, 첨단 기술 트렌드를 선도하는 도시다. 13억 중국 인구를 사로잡기 위해선 '메이드 인 상하이'가 반드시 필요하다고 판단했고, 그 선택은 주효했다. 중국 정부의 경기 부양 자금이 중소도시에 흘러들면서 중국 현지 화장품 기업들이 급성장했고, 코스맥스는 이들과 함께 중국 시장에 공급할 '메이드 인 상하이' 화장품 제조사로서 명성을 쌓아나갔다. 2004년 법인을 설립하고 변변한 실적을 거두지 못한 채 4년을 기다린 끝에 잡은 기회였다.

코스맥스가 상하이에 임대 공장을 마련한 것은 2004년 10월의 일이다. 3년을 기한으로 계약하고 2005년 드디어 가동을 시작하던 날, 이경수 회장과 당시 중국 법인 책임자였던 최경 대표이사(현 부회장)은 한 가지 약속을 했다. 한국에서처럼 3년마다 중국에도 공장을 하나씩 짓자고. 하지만 중국 시장은 녹록지 않았다. 계약 만료를 6개월 앞둔 2007년 봄까지도 공장은 제대로 가동되지 못했다. 이때 내부 갈등도 표출됐다. 중국에 나가 있는 주재원들이 대표이사의 문제점을 지적하고 본사에서도 가세했다. 그래서 이경수 회장은 주재원을 모두 불러들이고 새로이 진용을 짜서 더 많은 인원을 보냈다. 그 후 갈등이 해소되고 대표이사를 중심으로 똘똘 뭉쳐 문제를 해결해 나갔다.

3년 넘게 성과를 내지 못하는 상황에 애가 탔던 최경 부회장은 당시를 이렇게 회상했다.

"맘고생이 엄청 심했다. 회장님을 무슨 낯으로 뵐지 걱정하며 본사로 들어가면 막상 회장님은 매출이나 실적을 묻지 않으셨다. 식사 자리에서 넌지시 도와줄 게 있다면 뭐든 말하라고만 하셨다. 그래도 상황 보고는 해야겠기에 메모지에 매출을 적어 슬쩍 밀어 넣어도 별 반응이 없으셨다. 회장님의 그런 믿음이 있었기에 초기의 어려움을 견뎌내고 중국 시장에서 코스맥스가 우뚝 설 수 있었다."

그런데 2007년 여름부터 거짓말처럼 주문이 쏟아졌다. 공장이 제대로 자리를 잡지 못한 상황에서 주문이 쏟아지자 내부에서 감당이 안 될 지경이었다. 경험이 부족한 중국 현지 직원들로 공장을 돌리는 것은 불가능하다고 판단해 더 이상 주문을 받지 않겠다고 선언한 적도 있었다. 이런 사정을 모르는 중국 화장품 기업들은 코스맥스가 일부러 주문을 거절해 몸값을 높이려는 것으로 오해하곤 오히려 코스맥스로 더 몰려들기 시작했다. 더욱이 중국의 소비 시장이 열리면서 화장품 기업의 성장이 본격화된 데다 글로벌 금융위기를 극복하기 위해 푼 막대한 경기 부양 자금은 그 흐름에 기름을 부은 격이 됐다.

2007년 10월로 예정됐던 임대차 계약 만료를 걱정하던 코스맥스 차이나는 이듬해인 2008년 상하이에 해외 첫 자가 공장을 준공했다. 3년 전 임대 공장의 첫 가동을 시작하며 다짐했던 약속은 이렇게 지켜졌다.

작은 중소기업으로 출발한 코스맥스가 건실한 중견기업으로 성장하는 과정에 결정적인 역할을 한 것이 바로 선제적인 중국 시장 진출이다. 현재 코스맥스는 중국 화장품 ODM 시장에서 압도적인 1위를 차지하고 있다. 중국 현지 화장품 브랜드 상위 10개 회사 중 8개 회사와 거래하고 있을 만큼 중국 화장품 시장에서 코스맥스의 위상은 절대적이다. 2위와 3위의 매출을 합해도 아직 코스맥스 차이나 매출에는 한참 못 미칠 정도로 격차가 크게 벌어져 있는 상황이다.

코스맥스 그룹 매출 성장 추이
(단위: 원)

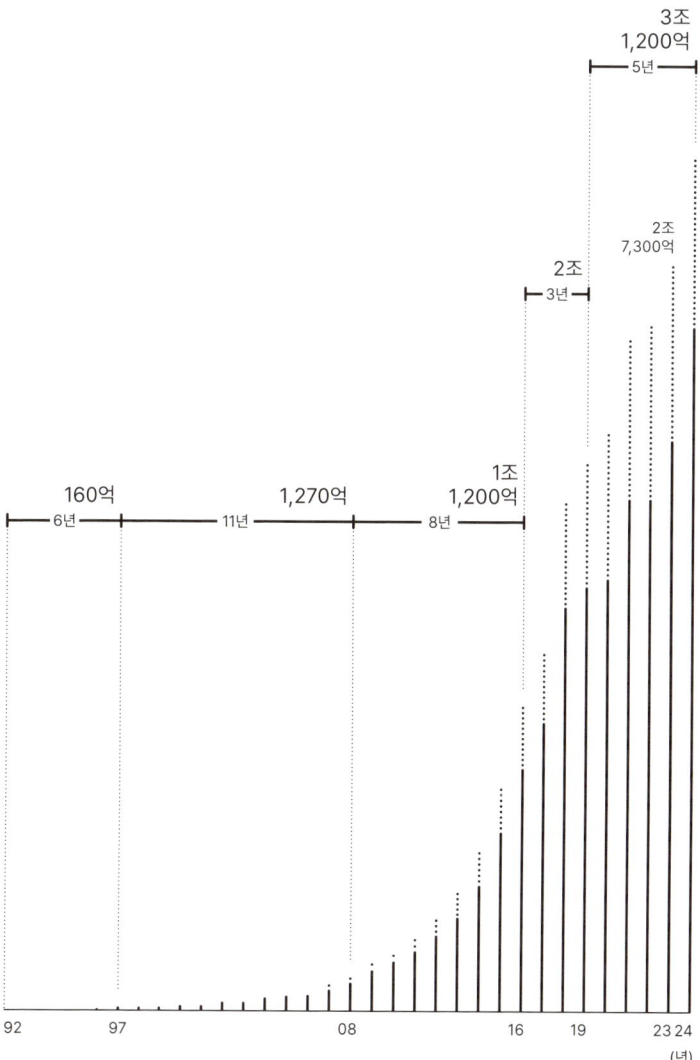

중국 시장에서의 성장을 바탕으로 코스맥스는 1992년 창업 이후 연평균 30%의 성장을 이뤄냈다. 매출 100억 원을 넘어서기까지는 6년, 1,000억 원을 넘어서기까지는 11년, 1조 원을 넘어서기까지는 8년이 걸렸다. 이후 성장 속도는 더 빨라져서 2조 원을 돌파하기까지 불과 3년밖에 걸리지 않았고, 2024년에는 3조 원을 넘겼다. 정말 숨 가쁘게 달려온 여정이었다.

코스맥스가 이처럼 초격차를 실현한 것은 중국을 소비 시장으로 바라보고 경쟁사보다 먼저 움직였기 때문이다. 이것이 2015년 코스맥스가 I사로부터 글로벌 화장품 ODM 기업 1위의 자리를 넘겨받은 결정적 요인이었다.

신뢰를 만드는
숨은 1㎝

코스맥스는 스스로와의 약속을 꽤 잘 지키며 지난 30여 년간 꾸준히 성장해 왔다. 첫 자가 공장을 세우며 3년마다 공장을 하나씩 짓겠다던 이경수 회장의 다짐은 한 번도 지켜지지 않은 적이 없다. 1994년 화성 공장을 시작으로 3년마다 공장을 하나씩 세우거나 인수했고, 어느 시점부터는 그 간격이 2년, 1년 6개월, 1년으로 단축됐다. 현재 코스맥스는 전 세계에 25개의 공장을 가동 중이며, 이들 공장의 생산 능력을 합하면 연간 약 33억 개에 달한다. 25개의 공장은 현지 기업은 물론이고 글로벌 진출을 꾀하는 한국 화장품 기업의 연구개발 및 생산 전진기지의 역할을 훌륭하게 수행하고 있다.

세계로 나아가는 출발점이 된 중국 시장에서 코스맥스가 지켜낸 것은 3년마다 공장을 하나씩 짓겠다는 스스로와의 약속만은 아니다. 중국 현지 화장품 기업의 최고 파트너가 되겠다는 약속을 성실하게 이행했다. 코스맥스는 바이췌링百雀羚, 자연당自然堂, 올레바 등 중국의 거대 화장품 회사에 제품을 공급해 이들의 매출 성장을 이끌었다. 특히 오랜 역사를 자랑하는 바이췌링은 코스맥스와 거래를 시작한 후 우수한 품질의 화장품을 만드는 기업으로 소비자들로부터 인정받으면서 마트와 화장품 전문점에서 판매 1위 자리에 올라섰다.

그러나 중국은 만만하게 볼 시장이 아니다. 글로벌 시장에서 승승장구하던 나이키조차 운동화에 글자를 잘못 새겨넣는 사소한 실수로 위기를 맞은 적이 있는 까다롭고 민감한 시장이다. 나이키의 가장 기억에 남는 실패로 기록될 일명 fā-fú 사건은 기업이 그 나라의 문화를 깊게 이해하는 것이 얼마나 중요한지를 보여준다. 나이키는 중국에서 출시한 한정판 운동화 양쪽 신발 각각에 '發(fā)'과 '福(fú)'을 새겼다. 이 두 글자는 중국에서 행운과 재물을 전하는 데 주로 사용된다. 의미만 놓고 보면 얼마나 훌륭한 글자인가. 그런데 나이키는 이 두 개의 글자를 합쳐놓으면 '살찌다'라는 전혀 다른 단어로 둔갑한다는 사실을 알지 못했다. 중국 한정판 제품을 만들면서 그 나라 언

어조차 제대로 이해하지 못했던 뼈아픈 실수였다. 귀여운 실수로 치부할 수도 있었지만, 중국 소비자들의 반응은 차가웠고 중국인들이 나이키에 느낀 배신감은 쉽게 회복되지 않았다.

중국 시장에서 오랜 기간 곤욕을 겪고 있는 기업으로 애플도 빼놓을 수 없다. 애플은 자사의 제품을 중국의 폭스콘 공장에서 생산한다. 저렴한 노동력을 활용해 제품을 생산하며 막대한 이익을 얻었지만, 그 이익을 중국 경제에 기여하는 방식으로 환원하지 않는다는 비판을 받고 있다. 특히 폭스콘과의 협력 관계에서 중국 노동자들의 열악한 근무 환경과 낮은 임금, 불안정한 고용 조건 등은 꾸준히 논란이 돼왔다. 이에 대한 애플의 무성의한 태도는 결과적으로 중국 정부와 소비자들이 차츰 애플에 등을 돌리게 만들었다. 나이키와 애플 둘 다 최근 몇 년 사이 중국 시장에서 매출 성장세가 대폭 꺾이며 도전적인 상황에 직면해 있다.

2004년 중국에 법인을 세운 후 코스맥스도 수많은 위기 상황에 직면했다. 2016년에 불거진 사드^{THAAD} 배치 논란으로 인한 중국 정부의 경제적 보복 조치는 중국에 진출한 한국 기업에 막대한 피해와 상처를 남겼다. 나이키처럼 화를 자초한 것도 아닌데 양국의 정치역학 관계에서 비롯된 지정학적 리스크로 인한 피해는 고스란히 한국 기업의 몫으로 돌아왔다.

롯데마트는 사드 부지를 제공했다는 이유로 불매 운동의 표적이 됐고, 이것은 결국 롯데가 중국에서 철수하는 빌미가 됐다. 현대자동차 베이징 공장 일부가 가동 중단 사태에 빠지면서 현대자동차와 함께 중국에 진출한 부품 생산 중소 협력사들 역시 실적 악화에 직면해야 했다. 중국에서 한창 주가를 올리던 한국 화장품 브랜드들은 중국 유통망에서 배제되는 어려움을 겪으며 매출에 큰 타격을 입었다.

사드 사태로 인해 코스맥스 내부에도 위기감이 감돌았지만, 결과적으로 코스맥스의 중국 시장 입지에 흔들림은 없었다. 중국 화장품 기업들은 코스맥스가 한국 기업이라는 이유로 외면하지 않았다. 그들에게 코스맥스는 꼭 필요한 파트너였기 때문이다.

사드 여파를 비켜 간 중국 법인은 2017년 4,358억 원의 매출을 기록하며 오히려 전년 대비 39%나 성장했고, 이는 2위와 3위의 매출을 합한 것의 거의 3배에 가까운 수치였다. 이런 흐름은 사드 피해가 본격화된 2017년에도 이어졌다. '메이드 인 상하이' 화장품의 품질이 소비자들 사이에서 인정받기 시작하면서 중국 현지 기업들의 성장세가 빨라진 데다 스킨케어 시장에 이어 메이크업 시장까지 열리면서 중국 화장품 시장이 고도 성장기로 진입했기 때문이다. 중국 화장품 기업들의 성장과 함께 코스맥스 차이나는 매년 30% 이상의 성장을 이어갔다.

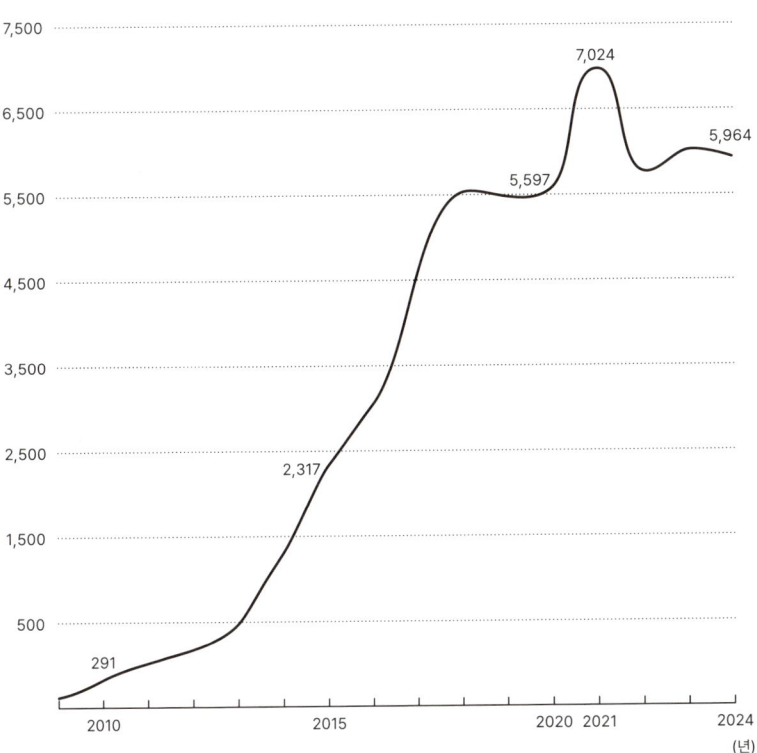

코스맥스 중국 법인 매출 성장 추이
(단위: 억 원)

함께 걷는 성장의 길

"화장품 시장에서 영향력이 미미했던 이센이 2017년 말에 한국의 코스맥스 본사를 방문해 손을 잡는 행운을 얻었기에 지금의 이센으로 성장할 수 있었습니다. 결혼이 제가 살면서 가장 잘한 일이듯, 코스맥스와 이센이 합작해서 세운 이센생물과학유한공사의 공장 준공도 그에 못지않은 일이라고 생각합니다."

2023년 8월 11일 코스맥스와 중국 이센의 합작회사 이센생물과학유한공사 신공장 준공식이 열린 날, 이센의 황진펑黃錦峰 대표는 자신의 결혼식에 입었던 예복 차림으로 이렇게 소회를 밝혔다.

광저우에 위치한 이센생물과학유한공사

이센Yatsen은 중국을 대표하는 화장품 기업으로 통한다. 2016년 설립된 이센은 론칭 2년 만에 온라인 기반의 뷰티 브랜드 퍼펙트 다이어리Perfect Diary를 중국 1위 온라인 브랜드로 올려놓았다. 코스맥스가 브랜드 론칭 당시부터 제품을 개발·생산하고 있는 퍼펙트 다이어리는 중국 현지에서 '차이나 뷰티의 선두주자'로, 2019년 중국판 블랙 프라이데이인 광군제 당시 글로벌 유명 브랜드들을 제치고 메이크업 부분 1위를 차지하며 빠르게 성장했다.

이센은 코스맥스라는 ODM 기업을 만나 중국 최고의 화장품 회사로 거듭날 수 있었고, 코스맥스는 이센과 함께 중국 온라인 화장품 시장에 선제적으로 진출하며 세계 2위로 올라선 중국 시장에서 영향력을 높였다. 동반 성장이 이룬 결과다. 이를 기반으로 코스맥스는 2021년 제2의 광군제라 불리는 '중국 6·18 쇼핑 축제'에서 놀라운 실적을 거뒀다. 행사 때 판매된 화장품 상위 25개 중 13개가 코스맥스의 생산품이었다. 같은 해 코스맥스가 중국에서 생산한 화장품은 5억 개에 이른다. 중국인 세 명 중 한 명 꼴로 코스맥스가 생산한 제품을 쓴 셈이다.

중국 화장품 업계에서 코스맥스의 위상을 보여주는 일화는 또 있다. 매년 상하이에서 열리는 중국 미용 박람회China Beauty Expo, CBE에 독립관을 꾸려 참가할 당시 전시장에서는 웃지 못할

해프닝이 벌어졌다.

"코스맥스 부스를 그만 닫으세요!"

최신 시장 트렌드를 조사하기 위해 박람회를 방문한 업계 관계자들의 줄이 코스맥스 부스 앞에 길게 이어지자 먼저 부스를 관람한 일부 화장품 업계 관계자가 다른 관람객들이 방문하지 못하도록 하자는 취지의 말이었다. 어찌 보면 말도 안 되는 엉뚱한 발언이었지만, 코스맥스가 중국 화장품 시장에서 얼마나 중요한 위치에 있는지, 파트너로서 코스맥스가 얼마나 신뢰받는 존재인지를 단적으로 보여주는 일화다.

중국 시장에서 코스맥스의 성공은 단순히 선제적 시장 진출이나 탄탄한 제조 역량으로만 설명할 수는 없다. 초기의 고난을 버티게 한 경영진의 명확한 비전, '메이드 인 상하이'라는 신뢰의 상징을 선택한 과감한 판단이 결합한 결과인 것은 분명한 사실이다. 하지만 그보다 더 중요한 요인이 숨어 있다. 바로 '신뢰'다.

'코스맥스 차이나는 중국 기업이다.' 이것은 수사적인 표현만은 아니다. 실제로 코스맥스 차이나 매출의 90% 이상이 중국 현지 화장품 기업들로부터 거둬들인 것이다. 중국 법인 설립 당시부터 코스맥스는 중국 현지 화장품 기업과 동반 성장하기 위해 한국 코스맥스의 품질 수준을 그대로 재현하겠다고 약속했다. 이를 위해 한국에서 전문인력을 대거 상하이에 파견했고, 이와 함께 중국 현지 인력 육성에도 힘을 쏟았다.

지금도 여전히 중국에 진출한 외국 기업들 사이에서 중국인 직원을 차별하거나 승진에서 배제하는 사례가 종종 보고된다. 특히 고위직으로 승진하는 데 있어 중국인 직원들이 본사 파견 관리자보다 불리한 위치에 있는 '유리 천장' 문제는 오랜 기간 지적돼 온 이슈다. 이에 대해 많은 기업 관계자들이 중국인 직원의 잦은 이직과 열정 부족을 핑계 삼는다.

하지만 코스맥스는 이들과 다른 생각을 하고 있다. 코스맥스는 중국 시장을 장기적인 관점에서 바라봤다. 중국 화장품 시장에 뿌리내리는 것이 기본 전략이다. 그러기 위해선 현지 직원들의 역량을 높여 책임감 있는 위치에 올려놓는 것이 중요하다고 판단했다. 이를 위해 현지 직원들에게 더 많은 교육과 리더십 기회를 제공하면서 처우 개선을 게을리하지 않았고, 한국 연수 프로그램을 제공해 소속감과 함께 코스맥스 구성원이라는 자부심을 가질 수 있도록 했다.

"중국 화장품 기업을 성장시키고 현지 인재를 키우는 건 한국 화장품 기업의 잠재적인 경쟁자를 키우는 일이 아닌가?"

코스맥스가 종종 받는 질문이다. 《뉴욕타임스》에서 세계 최고의 빵으로 극찬한 미국 빵집 타르틴 베이커리^{Tartine Bakery}의

오너셰프 채드 로버트슨Chad Robertson의 말이 이에 대한 좋은 대답이 될 것이다. 채드 로버트슨이 천연 발효종 만드는 법, 빵 굽는 법, 응용 요리법 등 38페이지 분량에 달하는 내용을 모두 공개했을 때, 주변에서는 이렇게 물었다.

"왜 빵 만드는 법을 모두 공개했냐?"

그의 대답은 간단했다.

"더 혁신적인 빵을 만들면 된다."

비슷한 말을 한 인물은 또 있다. 세계 전기차 시장의 선두주자인 테슬라는 2014년 1,700여 개의 특허를 공개했다. CEO인 일론 머스크는 "우리는 더 앞서나가면 된다"라며 자신감을 드러냈다.

이경수 코스맥스 회장도 이런 질문을 받을 때마다 다음과 같이 대답한다.

"지금의 기술만 믿고 개발을 소홀히 하면 언제든지 따라잡힐 수 있다. 기술을 오픈하고 우리는 또 앞선 기술을 개발하면 된다. 진정한 기술력은 인재들이 오랜 기간 함께 고민해서 얻은 것으로 쉽게 모방할 수 없다. 중요한 것은 고객사나 경쟁사가 성장해야 시장이 커지고 우리의 사업 기회도 늘어난다는 점이다. 사람 사이의 관계와 마찬가지로 회사와 회사의 관계도 서로에게 도움이 될 때만 지속 가능하다."

기술적인 자신감과는 별개로 이런 질문을 받을 때마다 되돌아가게 되는 지점이 있다. 코스맥스 설립 초기 연구소장을 해고하지 않으면 제휴 관계를 끊겠다던 M사 대표의 행동이다. 사람 사이의 관계와 마찬가지로 기업과 기업 사이, 기업과 직원 사이의 모든 계약은 서로 간에 이익이 있어야 성립하고 유지된다. 그러나 많은 기업이 이 지점에서 같은 실수를 반복한다. 겉으로 동반 성장을 외치면서 속으로는 내 것 먼저 챙기자는 생각을 품었다면, 언젠가 그 생각은 표면으로 드러나기 마련이다. 특히 위기의 순간에는 이런 어리석은 생각이 기업의 명운을 가르기도 한다.

위기에서 빛난
신뢰의 힘

　코로나19 팬데믹은 지난 100년간 인류가 직면한 가장 광범위하고 심각한 위기였다. 인류와 바이러스 사이의 지독한 전쟁이 3년 넘게 이어지면서 사람들의 생활 방식은 완전히 바뀌었고, 기업은 예측할 수 없는 상황 속에서 자신의 유연성과 혁신성을 시험해야 하는 도전에 직면했다.

　바이러스의 영향은 분야와 업종을 가리지 않았지만, 화장품은 신종 바이러스의 영향을 가장 많이 받은 업종 가운데 하나다. 코로나19 확산으로 마스크 착용이 의무화된 데다 재택근무가 늘고 모임과 외출은 줄면서 화장품 사용이 크게 감소했다. 그나마 온라인 채널의 판매가 선전했지만 화장품 기업들의 급격한 매출 하락을 막아내기엔 역부족이었다. 2020년 한 해 국내 화장품 시장 규모는 약 9조 원으로 전년도의 약 12조 원에서 30% 가까이 축소됐다. 팬데믹은 기업에 단순한 위기가 아니라 생존 자체를 위협하는 근본적인 도전으로 다가왔다.

이 시기 제조사들은 매출 걱정보다 하루하루 공장을 돌릴 수 있을지를 걱정해야 하는 처지에 놓였다. 국경 폐쇄와 항공·해상 운송 제한으로 인해 원자재 조달이 지연되거나 불가능해졌고, 이에 따라 제품 생산과 유통에 차질이 빚어졌다. 팬데믹은 국제 무역과 공급망을 심각하게 훼손했고, 이는 무역 의존도가 높은 한국에 치명적이었다. 국내에서는 반도체 공급 부족으로 자동차 공장에서 생산이 중단되는 초유의 사태가 벌어졌고, 화장품 업계 또한 필수 원료 수급 문제에 직면했다.

전 세계에서 공장을 가동하고 있는 코스맥스도 예외는 아니었지만, 방역지침을 철저하게 준수하고 선제적인 대책을 세우며 큰 차질 없이 공장을 가동했다. 발 빠르게 손세정제를 출시해 화장품 매출 하락을 방어했고, 코스맥스 차이나의 온라인 고객사 비중 확대 등을 통해 위기를 이겨냈다. 이런 노력 덕분에 코로나19 공포가 극에 달했던 2020년 2/4 분기 매출이 전년 동기 대비 14% 성장한 3,792억 원을 기록하는 놀라운 실적을 거두기도 했다.

특히 이 시기 코스맥스 차이나는 최고의 성과를 올렸다. 중국 정부는 팬데믹 초기부터 '제로 코로나'라는 극단적인 봉쇄 정책을 펼쳐 다른 나라에 비해 팬데믹의 초기 영향을 덜 받았다. 엄격한 도시 봉쇄, 대규모 검사, 확진자 격리 등의 강력한 방역 조치는 초기 감염 확산을 효과적으로 억제하는 데 큰 역할을 했다. 중국 경제는 단기적으로 안정적인 환경 속에서 글로벌 공급망의 역할을 유지하는 듯했고, 덕분에 코스맥스 차이나는 시한폭탄과도 같은 팬데믹의 위기를 무사히 통과하고 있었다.

중국 직원 800명이 만든 기적

그러나 위기는 갑작스럽게 찾아왔다. 2022년 3월 27일 일요일 밤 10시, 코스맥스 차이나에 혼돈의 소용돌이가 몰아닥쳤다. 설 연휴를 앞둔 2022년 1월 23일 상하이에서 확진자가 나온 이후 바이러스가 급격히 확산하면서 상하이는 그야말로 패닉 상태에 빠졌다. 1일 확진자가 1,000명을 넘어서자 상하이시는 3월 28일 오전 6시부터 통행을 전면 금지하는 일괄 봉쇄 관리 지침을 발표했다. 도시는 일순간 혼돈에 휩싸였다. 갑작스러운 봉쇄령에 패닉 상태에 빠진 시민들은 시장과 마트로 나가 물건을 사재기하기 시작했다.

코스맥스 공장에도 불똥이 튀었다. 오전 6시가 지나면 더 이상 공장으로 들어갈 수 없고, 반대로 한 번 공장에 들어가면 봉쇄령이 풀릴 때까지 밖으로 나올 수도 없는 상황이었다. 언제까지 봉쇄가 이어질지 알 수 없으니 무턱대고 공장으로 들어갈 수도, 그렇다고 안 들어갈 수도 없는 혼돈의 새벽이었다.

봉쇄령이 발표된 지 얼마 안 지나 최경 부회장은 중국인 공장장으로부터 전화를 받았다.

"대표님, 소식 들으셨죠? 지금 직원들 몇 명이 짐 싸서 회사로 들어왔습니다. 통행금지 전까지 몇 명 더 들어올 거 같습니다."

긴장한 기색이 역력했지만, 공장장은 차분하게 말을 이어갔다.

"일단 새벽 3시까지 창고 물건을 비워 직원들이 머물 공간을 마련할 생각입니다."

"한 번 들어가면 나올 수 없을 텐데 괜찮겠어요? 지금 난리통이라 생활 물자를 구하기도 어려운 것 같던데."

"걱정하지 마십시오! 여긴 우리가 알아서 하겠습니다. 대표님은 외부에서 고객사와 소통해 주시고, 원자재나 물류 현황을 체크해 주십시오. 저희는 여기서 어떻게든 납기를 맞춰보겠습니다."

고객과 약속한 납기보다 더 걱정스러운 것은 당장 직원들에게 공급할 생활 물자였다. 시민들이 훑고 지나간 마트의 진열대는 이미 텅 비어 있었다. 가까스로 아직 문을 닫지 않은 슈퍼마켓에서 5일간 버틸 물자를 확보한 것이 봉쇄가 시행되기 2시간 전이었다. 이때까지만 해도 봉쇄가 길게 이어질 거라고는 아무도 예상하지 못했다.

봉쇄가 풀린 것은 그로부터 65일이 흐른 2022년 6월 1일이다. 코스맥스 차이나 직원들의 헌신이 없었다면 버텨낼 수 없는 엄혹한 시간이었다.

공장에 머문 직원 800여 명의 고생은 이만저만이 아니었다. 그들은 43일 동안 공장에서 먹고 자야 했다. 생활용품과 식자재 수급이 마땅치 않은 상황에서 봉쇄 초기 차가운 공장 바닥에 종이박스를 깔고 자야 하는 불편함을 감내해야 했고. 매일 두 차례 셔틀버스를 타고 외부의 지정된 장소에서 PCR 검사를 받아야 했다. 장기간 이런 고생스러운 생활이 이어지자 한 직원의 건강에 이상이 생겨 응급 수술을 받아야 하는 상황에서 치료할 병원을 찾지 못해 발을 동동 구르는 위급한 순간도 있

시장을 넓히다: 코스맥스 2.0

었다. 무엇보다 기약 없는 봉쇄 해제일을 기다리며 사랑하는 가족들과 떨어져 지내야 했던 직원들의 마음은 헤아리기조차 어렵다.

회사는 직원들의 외로움과 불안감을 해소하기 위해 다양한 방책을 강구했다. 온라인 학습 플랫폼을 개설해 자기 계발을 하도록 지원했고, 심리상담을 통해 부정적인 감정을 완화할 수 있도록 했다.

열악한 환경 속에서도 공장장을 필두로 한 중국 현지 직원들의 활약상은 눈부셨다. 공장에 입주한 직원들은 영업팀과 비상 프로젝트 대응팀을 구성해 신제품 개발의 중요도에 따라 우선순위를 정하고, 전체 프로젝트를 신속하게 마무리하는 것을 목표로 업무를 배분하고 인력을 배치했다. 이런 노력 덕분에 한 달 동안 1,400개 이상의 프로젝트 샘플링을 완성하는 놀라운 성과를 거뒀다.

PCR 검사로 인한 불편함을 개선하기 위해 직원 여덟 명이 자발적으로 PCR 교육 과정을 이수해 합격증을 취득하기도 했다. 덕분에 직원들은 공장 내부에서 편리하게 PCR 검사를 받을 수 있게 됐다. 누가 시켜서 한 일도, 그렇다고 보상을 바라고 한 일도 아니었다.

코로나19라는 전례 없는 위기에서 회사를 구하기 위해 중국 직원들이 보여준 희생과 연대는 단순히 직원의 역할을 넘어 조직의 구성원으로서 회사를 위해 최선을 다하는 모습이었다.

회사를 위기에서 구한 주인의식

'우리의 시간표가 아니라 고객의 시간표에 무조건 맞춘다.'

직원 한 명이라도 코로나19 바이러스에 감염되는 순간 생산 라인을 멈춰 세워야 하는 위기의 상황에서도 코스맥스의 변함없는 경영방침은 굳건히 지켜졌다. 단 한 명의 확진자 없이 65일을 버텨낸 코스맥스 차이나는 중국 내 주요 고객사로부터 위기의 상황에서도 납기를 성실히 지켜준 데에 대한 공로로 감사장을 받기도 했다.

같은 시기 상하이에서 51㎞ 떨어진 쿤산의 폭스콘 공장에선 다른 상황이 펼쳐졌다. 확진자가 발생해 4곳 중 2곳이 가동을 멈추었고, 애플은 아이폰과 아이패드의 글로벌 공급에 차질을 빚었다. 폭스바겐과 테슬라 같은 자동차 회사들도 부품 생산이 지연되면서 공장 가동을 중단하는 등 봉쇄령으로 인해 막대한 타격을 입었다.

코스맥스 차이나 직원들이 65일간 이뤄낸 기적의 비밀은 과연 무엇이었을까? 그것은 바로 애사심과 주인의식이다. 모든 구성원이 스스로 회사의 주인이라고 생각하지 않았다면 이뤄낼 수 없는 기적이었다.

사람들은 일이 잘 안 풀리면 보통 밖에서 원인을 찾는다. 모든 인간의 본능이다. 기업도 마찬가지다. 경영진은 일이 잘 안 풀리면 직원들의 주인의식과 열정이 부족하다고 개탄한다. 중국에서 눈물을 머금고 철수한 기업 경영자들이 하나같이 하는 이야기가 있다. 중국 직원들은 주인의식이 부족해 조금만 더 임금을 많이 준다는 회사가 있으면 쉽게 이직한다고. 경영진이 모든 권한을 가진 조직에서 일어난 실패는 전적으로 경영진의 책임이다. 직원들은 시키는 대로 했을 뿐이다.

주인의식은 구성원들이 회사의 가치를 믿고, 그 가치를 자신의 것으로 느낄 수 있을 때 비로소 만들어진다. 이렇게 직원들 마음속에 뿌리내린 주인의식은 회사가 어떠한 위기에도 흔들리지 않는 단단한 버팀목이 된다.

코스맥스 차이나가 피해를 최소화할 수 있었던 것은 직원들의 뼛속 깊이 새겨진 코스맥스 DNA의 힘이었다. "여긴 우리가 알아서 하겠다"라는 말을 훌륭하게 지켜낸 공장장을 비롯해 800여 명의 중국 직원들 마음속엔 어떠한 상황에서도 고객과의 약속은 반드시 지켜야 한다는 책임감이 자리하고 있었다. 이들이 희생을 감내하면서 끝까지 임무를 완수하게끔 한 것은 회사에 대한 주인의식이었다.

100조 중국 시장 1위의 비결

2004년 국내 화장품 ODM 기업으로는 최초로 중국에 진출한 코스맥스는 중국 화장품 시장의 성장에 맞춰 2013년 코스맥스 광저우까지 세우면서 철저한 현지화 전략으로 중국 1위 화장품 ODM 기업으로 성장했다. 2008년까지 100억 원에 못 미쳤던 중국 매출은 진출 10년 만인 2014년 1,000억 원을 돌파했고, 2021년에는 6,600억 원을 넘어섰다. 현재 중국 내 고객사 수는 1,100여 곳에 이르며, 중국 내 7개 공장의 연간 생산가능수량CAPA은 중국 인구보다 많은 15억 8,000만 개에 달한다. 코스맥스 차이나가 ODM 시장을 선점해 지속적으로 투자하면서 기술 격차를 크게 벌린 결과다.

코스맥스 차이나는 중국 내 화장품 산업의 발전과 트렌드에 발 빠르게 대응했다. 색조 화장품 시장이 본격적으로 성장하기 전 상하이에 공장을 추가로 건설했고, 중국인들이 좋아하는 마스크 시트 전용 공장도 세웠다. 국민소득 1만 달러를 넘어서면 색조 화장품 시장이 성장하는 것은 예측 가능한 일이었다. 온라인과 모바일로 진화한 중국 소비 시장의 트렌드를 적시에 읽고 온라인 대응을 강화한 것도 중국 시장에 성공적으로 안착할 수 있었던 비결 중 하나다.

중국 정부가 정책적으로 신용카드 발급 요건을 완화하는 흐름이 읽히자 곧바로 온라인 영업을 위한 전담팀을 꾸렸고, 온라인 시장 확대에 선제적으로 대응하기 위해 제품 기획, 연구개발, 생산, 제조에 이르는 전 분야를 지원하기 위한 올어라운드 all-around 시스템을 구축했다. 제품 교체 주기가 빠른 중국 온라인 시장의 특성을 반영해 제품을 의뢰받고 출시하기까지의 기간을 2~3개월까지 단축했다. 코스맥스와 거래를 끊었다가 다시 연락해 오는 기업들이 공통되게 하는 이야기가 있다. "다른 기업과는 답답해서 일을 못하겠다"는 것이다.

우수한 현지 인재도 빼놓을 수 없다. 코스맥스 차이나는 임대 공장을 마련하지도 못했던 설립 초기부터 현지 직원을 코스맥스 본사로 보내 교육했다. 코스맥스 본사와 동일한 수준의 기술력과 생산력을 유지하기 위해서다. 경영철학을 철저하게 공유하면서도 중국의 문화에 맞는 인사 관리 시스템을 운용했다. 중국인의 특성과 현지 문화에 맞는 평가 보상 시스템을 마련해 동기를 부여하고, 능력에 맞게 차별 없는 승진 기회를 제공했다. 무엇보다 코스맥스 차이나는 중국 기업이며 중국에 뿌리를 내릴 것임을 늘 강조했다.

코스맥스 차이나의 이런 전략은 중국을 넘어 미국, 동남아시아, 일본 진출 시에도 동일하게 적용됐다.

떠나는 자와 남는 자, 코스맥스의 선택은 '확장'

코스맥스 차이나의 성장은 국내 화장품 기업들의 중국 진출에도 큰 영향을 미쳤다. 중국에 철저하게 현지화된 연구개발과 생산 기지는 중국 진출을 꾀하는 한국 화장품 브랜드의 현지 진출을 도왔다. 2017년부터 시작된 글로벌 기업들의 한국 뷰티 브랜드 인수전도 이런 배경에서 탄생했다.

2017년 9월 글로벌 생활용품 기업 유니레버가 AHC라는 브랜드로 알려진 국내 화장품 기업 카버코리아를 약 3조 546억 원에 인수했다. 한국 화장품 업계 인수합병$^{M&A}$ 사상 최고액이었다. 중국의 사드 보복 사태가 터지면서 한국 화장품 업계가 매출 부진으로 곤란을 겪던 시기여서 놀라움은 더 컸다. 이듬해인 2018년에도 한국의 패션 및 메이크업 기업 스타일난다가 글로벌 화장품 기업 로레알에 약 6,000억 원에 인수됐다. 로레알이 한국 브랜드를 인수한 것은 스타일난다가 처음이다. 2019년엔 더마코스메틱 브랜드 닥터자르트가 2조 원에 글로벌 화장품 기업 에스티로더에 인수됐다. 에스티로더가 아시아 뷰티 브랜드를 인수한 것은 닥터자르트가 처음이다.

제각각 셈법은 다르지만 유니레버, 로레알, 에스티로더와 같은 쟁쟁한 글로벌 기업이 앞다퉈 K-뷰티 브랜드를 인수한 이유는 중국 시장 공략을 위한 포석을 마련하기 위해서였다. 중국 시장에서 인지도가 높은 K-뷰티 브랜드를 인수해 중국 등 아시아 시장에서의 입지를 강화해 나간다는 전략이었다.

당시 중국 매출에 제동이 걸렸던 유니레버는 중국 시장에서 성공을 거두고 있는 카버코리아를 통해 매출 부진을 만회하고자 했다. 실제로 카버코리아는 사드 여파에도 광군제에서 하루 만에 마스크팩 65만 장을 판매하는 기염을 토했다. 로레알과 에스티로더는 중국 젊은 층의 마음을 사로잡은 K-뷰티 기업의 혁신성에 높은 점수를 줬다. 로레알은 스타일난다의

'3CE [3 Concept Eyes]'가 한국과 중국 MZ세대 사이에서 인기를 끌고 있는 브랜드라는 점에 주목했고, 에스티로더는 닥터자르트가 피부과학과 예술의 독특한 조합을 통해 아시아 MZ세대의 열렬한 지지를 얻은 혁신성을 높게 평가했다. 카버코리아, 스타일난다, 닥터자르트 모두 코스맥스의 파트너사다. 이들이 뷰티 시장에 진출하던 초기부터 줄곧 함께해 온 코스맥스는 중국 시장에서도 이들의 성공 신화를 뒷받침했다.

이렇게 이야기하면 중국 시장 진출이 쉬운 것처럼 들릴지도 모르겠다. 하지만 생각과 달리 중국은 만만한 시장이 아니다. 양국 사이의 지정학적인 리스크는 차치하더라도 시장 규모가 큰 만큼 경쟁도 치열하다. 중국 현지 화장품 기업 수만 해도 5,200여 개에 이르며 이들이 글로벌 브랜드와 좌충우돌 경쟁하고 있다. '왕홍'이라 불리는 인플루언서의 말 한 마디에 수많은 브랜드가 혜성처럼 등장했다가 또 순식간에 사라지기도 할 만큼 트렌드에 민감한 시장이기도 하다.

중국에서 K-뷰티가 여전히 인기가 많은 것은 사실이지만 이제 한국 화장품이라는 이유만으로 소비하는 시대는 지났다. 현지 소비자에게 브랜드의 가치와 진정성을 전달해야 하고, 소비자의 취향과 기호를 파악해야만 성공을 거둘 수 있는 까다로운 시장이다. 최근엔 코로나19 팬데믹 이후 경기 침체로 소비 부진이 이어지면서 중국에 진출한 기업들의 어려움이 가중되고 있다. 식품의약품안전처에 따르면 지난 2023년 국내 화장품의 미국, 유럽, 일본 수출은 증가했지만 중국 수출은 감소했다.

이런 상황에서 많은 화장품 기업이 중국을 떠났지만, 코스맥스는 오히려 중국 투자를 더욱 본격화하고 있다. 2024년 10월 8일, 코스맥스 차이나 창립 20주년 기념식에서 코스맥스는 2026년 준공을 목표로 상하이 신좡공업구에 신사옥을 건립한다고 발표했다. 신사옥은 연면적 2만 2,000평 규모로 연구개발, 생산, 마케팅까지 화장품 ODM 사업의 모든 것이 가능한 공간으로 조성해 온라인 시장 확대에 발 빠르게 대응한다는 전략이다. 이보다 앞서 2023년에는 중국 화장품 브랜드 이센과 조인트벤처Joint Venture, JV를 설립해 단일 공장으로는 아시아 최대 규모의 화장품 공장 가동을 시작했다. 중국 화장품 시장에 여전히 성장 잠재력이 있다고 판단했기 때문이다. '중국 화장품의 중심'을 표방하고 2026년 건립될 상하이 신사옥에 1,500억 원에 이르는 투자를 감행한 것 또한 10년, 20년 후를 내다본 포석이다.

중국을 넘어 아시아로,
K-뷰티의 영토 확장

글로벌 진출은 코스맥스로선 생존을 위한 전략이었다. 화장품 내수 시장이 큰 미국, 중국, 일본과 달리 한국은 내수 시장이 워낙 작고 경쟁이 치열해 글로벌로 나아가지 않으면 성장은커녕 생존조차 담보하기 어렵다. 더 넓은 시장에서 기회를 모색하는 것은 화장품 기업으로선 선택이 아니라 필수일 수밖에 없다. 이런 절박함이 한국 화장품 기업의 성장을 이끌어 지금의 K-뷰티를 만들었다고 해도 과언이 아니다.

코스맥스는 중국 시장 1위라는 타이틀에 만족하지 않고 동남아시아와 일본, 그리고 미주까지 그 영향력을 넓히고 있다. 한류 붐이 거세게 일고 있는 인도네시아와 태국에서는 K-뷰티의 선진적인 기술과 혁신성을 앞세워 시장을 개척했고, 전 세계 최대 화장품 시장인 미국에서는 현지 브랜드들과 협력을 강화하며 존재감을 키우고 있다. 한국 기업에 절대 자리를 내줄 것 같지 않던 콧대 높은 일본 화장품 시장에도 K-뷰티의 혁신이 스며들기 시작하면서 MZ세대부터 빗장이 풀리고 있다.

글로벌 확장은 코스맥스 성장의 핵심 동력이다. 2024년 코스맥스는 매출액 3조 1,200억 원의 60%를 해외에서 거둬들였다. 중국 시장이 주춤하는 상황에서도 이 같은 성과를 낸 것은 동남아시아와 일본 등지에서 매출이 상승한 덕분이다.

혁신의 요람
'코스맥스 뷰티밸리'를 목표로

코스맥스가 포스트 차이나로 가장 먼저 주목한 지역은 세계 4위의 인구 대국 인도네시아다. 상하이에서 매년 40%에 가까운 성장세를 구가하던 2012년, 로레알의 자카르타 공장을 인수하며 동남아시아 진출의 첫 포문을 열었다. 당시 코스맥스는 세계 화장품 산업의 지리적인 중심이 서서히 아시아로 이동하고 있는 흐름에 주목했다. 특히 인구가 많은 아세안 국가

코스맥스 인도네시아 법인 신공장 조감도

에서 중산층이 급격하게 증가하면서 잠재돼 있던 화장품 시장이 꿈틀대고 있었다. 이러한 변화가 중국에서와 마찬가지로 소비자들의 구매력 상승과 함께 K-뷰티를 비롯한 아세안 브랜드들의 혁신과 경쟁력 강화를 가져올 것으로 기대했다.

하지만 상황이 녹록지는 않았다. 2012년 당시 인도네시아의 화장품 시장은 코스맥스가 상하이에 첫 해외 법인을 설립했던 2004년보다 나을 게 하나도 없었다. 태국이나 베트남과 달리 한류의 영향도 미미했다. 그저 인구 2억 4,000만 명의 '잠재력만 있는' 시장이었다. 더욱이 화장품 업계에 ODM이라는 개념조차 없었다. 현지 화장품 브랜드사를 방문해 코스맥스가 대신 제품을 개발하고 생산까지 해주겠다고 제안하면 담당자들은 하나같이 "그게 무슨 소리냐"며 눈을 동그랗게 뜨고 의아한 표정을 지었다. 한국과 같은 화장품 산업 생태계가 구축되지 않은 인도네시아에선 브랜드가 개발과 생산까지 하는 게 당연시됐다. 공장의 자동화 수준도 낮았는데, 이를 오히려 자랑거리로 삼았다. 일일이 사람 손으로 제품을 생산하고, 그 덕분에 수많은 고용 창출이 가능하다는 점에 자부심을 가진 듯했다.

그렇다면 12년 사이 인도네시아는 어떻게 변화했을까? 2012년 약 2억 4,000명이었던 인도네시아 인구는 2024년 2억 8,000만 명을 넘어섰다. 12년 사이 4,000만 명이 늘었으니 조금 과장하면 대한민국이 하나 더 탄생한 셈이다. 2012년 3,550달러였던 1인당 GDP는 매년 5% 이상씩 성장해 2024년에는 5,700달러로 12년 사이 2배 가까이 증가했다. 역동적인 경제성장 속에서 인도네시아 화장품 산업은 그야말로 천지개벽했다. 2012년 현지 화장품 상장 기업 중 1위의 매출은 250억 원 정도에 불과했지만, 2023년 기준으로 1조 원을 넘어섰다. 미국, 일본, 유럽의 글로벌 기업이 다수 진출해 수조 원 대의 매출을 거두고 있다.

자카르타에서 열린 '코스맥스 뷰티사이언스 심포지엄 2024'

주목할 것은, 지금의 인도네시아 화장품 시장을 이끌어가고 있는 주역이 반짝이는 아이디어로 무장한 현지 인디 브랜드라는 점이다. 주요 뷰티 카테고리에서 1, 2위를 차지하는 제품은 대개 인디 브랜드의 것이다. 이 같은 현지 브랜드의 성장과 함께 이들에게 혁신적인 기술을 제공하고 품질 높은 제품을 생산해 주는 코스맥스의 역할과 위상도 계속 높아졌다.

하지만 진출 초기 몇 년간 인도네시아 법인은 고전을 면치 못했다. ODM이라는 개념조차 없는 인도네시아에서 고객사를 확보하는 건 생각보다 훨씬 어려웠다. 첫 번째 기회가 찾아온 건 2016년이었다. 코스맥스는 인도네시아의 기후와 식습관에 맞는 립글로스 제품을 개발해 인도네시아에 진출한 일본 화장품 브랜드 맨담Mandom을 찾아갔다. 인도네시아는 기후가 덥고 습하며, 주로 튀긴 음식을 먹는 탓에 소비자들은 글로시한 제품을 선호하지 않는다. 촉촉하다는 느낌보다는 지저분하다는 느낌이 강해서인데, 여기에 착안해 입술 주름이 다 보일 정도로 매트한 제형이지만 부드럽게 발리는 제품을 개발해 맨담의 담당자를 찾아갔다.

하지만 기대와 달리 담당자는 별다른 관심을 보이지 않았다. 포기하지 않고 6개월을 쫓아다니자 담당자가 4개 색상으로 각각 2,000개씩 주문하겠다고 했다. 제조사 입장에선 선뜻 받아들이기 힘든 적은 수량이었지만, 어떻게든 고객사를 확보해야 했기에 받아들일 수밖에 없었다. 그런데 이 제품이 소비자들로부터 폭발적인 반응을 얻자 메이크업 브랜드들이 약속이나 한 듯 너도나도 코스맥스를 찾았다. 이 제품을 계기로 코스맥스의 중요한 파트너가 된 맨담의 담당자는 당시 적은 수량을 제안하면 코스맥스가 포기하고 더는 귀찮게 하지 않을 줄 알았다는 후일담을 들려주기도 했다.

인도네시아 화장품 시장에 가장 극적인 변화를 불러일으킨 계기는 바로 코로나19 팬데믹이었다. 2020년 당시 인도네시아 인구는 약 2억 7,000만 명이었는데, 모바일 인터넷 가입자 수는 2억 9,000만 명이었다. 휴대전화를 2개씩 쓰는 사람들도 있을 만큼 모바일 인터넷이 활성화되었음을 보여주는 수치다. 팬데믹으로 집 안에 갇힌 사람들은 일제히 유튜브로 몰려갔다. 이 시기에 이른바 뷰티 인플루언서가 대거 등장했다. 이들로부터 막대한 양의 콘텐츠가 생산되면서 스킨케어에 대한 엄청난 양의 지식이 주입되기 시작했고, 소비자들은 성분 함량까지 따질 정도로 똑똑해졌다. 소비자들의 니즈를 간파한 인디 브랜드가 시장에 끼어들 수 있는 멍석이 깔린 셈이다.

인디 브랜드가 빠르게 시장에 진출하려면 제품을 개발하고 생산해 줄 ODM 기업이 필요하고, 소비자들의 높아진 눈높이에 맞추어 그들을 사로잡으려면 기존 기업이 갖지 못한 혁신이 필요하다. 이들이 세계 최고의 품질과 기술력을 가진 코스맥스의 문을 두드리는 것은 너무나 자연스러운 일이었다.

시장에 이러한 선순환 고리가 만들어지면서 인도네시아 화장품 시장은 급성장을 거듭했다. 특히 팬데믹이 끝나고 보복 소비가 터지자 화장품 시장은 그야말로 폭발적으로 성장했다. 코스맥스는 이 기회를 놓치지 않았다. 성분 함량까지 꼼꼼하게 따지는 수준 높은 소비자들에게 걸맞은 제품을 내놓았다. 그중에서도 특히 서로 다른 13가지 성분으로 만든 세럼 제품이 크게 히트하면서 인도네시아 스킨케어 시장에서 코스맥스의 존재감이 높아졌다.

'코스트맥스.' 인도네시아 화장품 업계에서 코스맥스는 이렇게 불린다. 최대 비용, 그러니까 다른 ODM 기업보다 단가가 높아서 생긴 별명인데, 그럼에도 불구하고 2024년 기준으로 코스맥스는 인도네시아 화장품 ODM 시장에서 압도적인 1위를 차지하고 있다. 2위와는 매출액에서 2배 이상 크게 격차가 벌어져 있다. 가격 때문에 경쟁사로 옮겨갔던 고객사가 다시 코스맥스로 회귀하는 데는 그리 오랜 시간이 걸리지 않는다.

특히 인디 브랜드에 코스맥스는 절대적으로 필요한 존재로 평가받고 있다. 매출 3억 원에 불과하던 인도네시아 인디 브랜드 밀레^{Mille}는 선크림의 대히트로 매출 50억 원 대의 브랜드로 우뚝 섰다. 제형뿐 아니라 피부 보정 기능을 원하는 현지 소비자 맞춤형 제품을 선보인 것이 주효했다.

또 다른 성공 사례인 럭스크라임^{Luxcrime}은 공동창업자 두 명이 공유 오피스에서 창업한 때부터 코스맥스와 인연을 맺었던 브랜드로, 트윈케이크 한 품목을 2024년에만 100만 개 이상 팔아치우며 단숨에 영향력 있는 브랜드로 성장했다. 쿠션 파운데이션의 등장 이후 한동안 잊힌 트윈케이크를 다시 트렌드로 만든 장본인이다. 무겁게 발리는 예전 트윈케이크와 달리 가볍게 발리지만 커버력이 우수한 제품으로 소비자들의 호응을 이끌어냈다. 이 과정에서 코스맥스는 제품 개발과 생산뿐 아니라 유력한 벤처투자자를 럭스크라임에 연결하는 역할도 했다. 인디 브랜드의 인큐베이터로서 인도네시아 화장품 산업에 활기를 불어넣는 플랫폼 역할을 한 셈이다. 지금 수많은 투자자가 인도네시아 화장품 시장의 차세대 주자들을 찾고 있으며, 코스맥스는 그들에게 인디 브랜드의 옥석을 가릴 선구안을 제공하는 중요한 파트너다.

2025년 현재 코스맥스는 인도네시아에 제2공장을 짓고 있다. 서부 자바Java 보고르Bogor의 오목한 지형에 자리한 이 공장을 실리콘밸리와 같은 혁신의 요람 '코스맥스 뷰티밸리'로 만드는 것이 목표다. 구글, 애플, 페이스북, 아마존과 같은 대표적인 IT 기업들이 본사를 두고 있는 실리콘밸리는 새로운 기술과 비즈니스 아이디어가 탄생하는 곳이다. 지난 수십 년간 실리콘밸리는 세상을 바꿀 혁신을 생산했고, 지금도 여전히 그 일을 계속하고 있다. 코스맥스 뷰티밸리는 머지않은 미래에 인도네시아를 넘어 동남아시아, 이슬람 문화권의 다른 국가를 포괄하는 화장품 혁신의 중심지가 될 것이다.

숨은 조력자에서
혁신을 주도하는 플레이어로

　인도네시아에서의 성공은 코스맥스가 태국 진출을 서두르는 계기가 됐다. 태국 화장품 시장은 인도네시아와는 공통점보다 차이점이 많은 시장이다. 태국은 명실상부한 아세안 최대 화장품 시장으로, 연평균 10%에 가까운 높은 성장률을 보인다. 하지만 아세안 국가들 가운데는 비교적 성숙도가 높은 축에 속한다.

　태국 소비자들은 브랜드 인지도뿐만 아니라 품질과 성능을 꼼꼼히 따지는 구매 성향을 보이며, 다른 아세안 국가들과 달리 자국 브랜드의 인기도 높은 편이다. 인도네시아와 베트남이 K-뷰티를 그대로 흡수하는 것과 달리 태국은 K-뷰티를 자신들에 맞게 변형해 T-뷰티로 만들려는 경향이 강하다. K-뷰티에 영감을 받은 현지 인디 브랜드가 기존 강자들을 위협하며 화장품 시장에 역동성을 더하고 있다.

　그래서 태국 시장에선 유독 한국 브랜드가 맥을 못 춘다. 인도네시아나 베트남에서와 달리 아직 이렇다 할 K-뷰티 성공 사례를 만들어내지 못하자 태국에 진출한 한국 기업들 사이에선 농담처럼 "코스맥스만 잘나간다"는 말이 있을 정도로 난도가 높은 시장이다.

매출 3,000억 원의 현지 화장품 ODM 기업이 단단하게 버티고 있는 태국 시장에 코스맥스가 출사표를 던진 것은 2017년이었다. 이듬해 방콕 인근의 방플리지구Bang Phli District에 첫 번째 생산공장을 설립했다. 경쟁 강도가 유독 높은 태국 시장에서 코스맥스는 새로운 길을 모색했다. 경쟁자들과 원가 경쟁을 하거나 혁신적인 제품을 남들보다 빠르게 선보이는 기존의 성공 방식만으론 중국이나 인도네시아에서와 같은 성장을 거두기 힘들다고 판단했다.

'서비스를 팔아야 한다!'

코스맥스 타일랜드 법인

글로벌 ODM 1위 기업이라는 명성에 기대기보다는 모든 혁신을 코스맥스를 통해서 실현할 수 있는 '뷰티 플랫폼'이 되는 것이 코스맥스 타일랜드의 지향점이다. 이를 가장 잘 보여주는 사례가 2025년 2월 론칭한 유스라보 Youthlabo다. 코스맥스는 현지 이커머스 기업과 손잡고 태국 뷰티 시장의 새로운 트렌드를 주도할 공동 브랜드를 선보였다. 코스맥스가 OBM을 넘어 다른 기업과 공동 브랜드를 선보인 것은 한국은 물론이고 글로벌 시장에서도 처음 있는 일이다.

이커머스 기업은 자신들이 보유한 막대한 소비자 구매 데이터를 바탕으로 시장을 정확하게 읽을 수 있다. 코스맥스는 이들로부터 받은 데이터로 태국 소비자들의 니즈를 섬세하게 파악해 최고의 화장품 개발과 생산 능력으로 누구보다 빠르게 소비자들이 원하는 제품을 시장에 선보일 수 있다.

코스맥스 타일랜드의 이번 성과는 소비자에게 더 가까이 다가가겠다는 코스맥스 글로벌의 지향점과 정확히 일치한다. 오늘날 모든 기업의 고민거리는 '고객 접점'을 어떻게 확보할 것인가에 있다. 과거에는 제품을 만들고 소비자가 이를 선택하는 구조였다면, 이제는 소비자가 원하는 바를 기업이 먼저 포착하고 이에 맞춘 제품과 서비스를 제공하는 방식으로 바뀌었다. 소비자 중심의 시장에서는 경쟁사보다 한발 먼저 소비자의 변화된 요구를 파악하고, 맞춤형 솔루션을 제공하는 능력이 기업의 경쟁력으로 직결된다. 그러기 위해선 고객과의 스킨십이 필요하다. 온라인 거래의 비중이 오프라인을 압도하고 있는 가운데서도 많은 기업이 오프라인에 팝업스토어를 열고 판매가 아닌 홍보와 마케팅을 위한 쇼룸 용도로 오프라인 매장을 유지하고 있는 이유도 여기에 있다.

브랜드를 직접 운영하지 않는 ODM 기업에도 고객 접점은 중요하다. ODM 기업은 브랜드 뒤에서 제품을 개발하고 제조하는 것이 본업이기 때문에 소비자와의 접점이 상대적으로 중요하지 않은 것처럼 보일 수 있다. 하지만 최근 ODM 기업의 역할이 단순한 생산 파트너를 넘어 기술 혁신과 제품 기획을 주도하는 방향으로 변화하면서, 소비자와의 접점은 더 이상 브랜드만의 문제가 아니다. 오히려 ODM 기업이 시장 트렌드를 빠르게 감지하고 이를 브랜드에 제안하는 능력이 중요한 경쟁 요소가 됐다.

소비자의 실질적인 요구를 반영한 제품을 브랜드와 공동으로 기획하면 브랜드와 ODM 기업 간의 파트너십이 더욱 공고해질 수 있다. 이는 ODM 기업이 단순 제조사를 넘어 브랜드 성장의 동반자로 자리 잡는 길이기도 하다. 공동 브랜드인 유스라보는 코스맥스가 숨은 조력자에서 혁신을 주도하는 플레

이어로 소비자들에게 한발 더 가까이 다가갔음을 의미한다. 코스맥스는 유스라보에 이어 태국 전역에 35개 지점을 보유한 성형외과 클리닉과 함께 PB 브랜드 론칭을 서두르고 있으며, 이외에도 대형 마트, 드러그 스토어, 온라인 플랫폼 등과 함께 공동 브랜드나 PB 브랜드를 준비하며 새로운 실험을 이어가고 있다.

코스맥스 타일랜드 신공장 조감도

시장을 넓히다: 코스맥스 2.0

뷰티 강국 일본과 미국의
문턱을 허문 집념

　코로나19 팬데믹이 한창이던 2021년 4월 28일, 일본 도쿄 중심가 하라주쿠原宿에 자리한 앳코스메@cosme 매장에 난데없이 경찰이 등장했다. 이날은 코로나19 확산으로 인해 도쿄에 긴급사태 선언이 내려진 날이었다. 불필요한 외출 자제와 함께 대형 상업시설의 영업 단축과 같은 강력한 명령이 떨어졌다. 긴급조치로 인해 늘 인산인해를 이루는 하라주쿠 거리도 이날만은 한산했지만, 유독 앳코스메 1층에 온종일 사람들의 줄이 길게 이어졌다. 한국 화장품 브랜드 힌스hince의 팝업스토어 앞이었다. 긴급조치가 내려졌는데도 힌스가 새롭게 선보인 쿠션 파운데이션을 발라보려는 고객들로 온종일 줄이 길게 이어지자

이를 통제하기 위해 경찰이 동원되는 소동이 벌어진 것이다.

　일본 기업과의 기술 제휴로 화장품 업계에 첫발을 내디딘 코스맥스에 이 장면은 남다른 의미로 다가왔다. 한국보다 수십 년 먼저 화장품 산업을 일으켰던 일본은 한국 화장품 기업엔 '넘사벽' 시장이었다. 불과 몇 년 전만 해도 한국어 패키지로 된 제품을 유통 매장에 선보이는 것은 상상할 수도 없는 일이었고, 한국 제품을 일본어 패키지에 넣어 팔아보겠다고 해도 받아주지 않을 만큼 한국 제품에 대한 벽이 유독 높은 나라가 일본이었다.

　일본 시장의 기류가 묘하게 달라지기 시작한 건 2017년 즈음부터다. K-드라마 열풍이 불면서 소비자들이 한국 제품을 찾기 시작하자 단단했던 벽에 조금씩 균열이 가기 시작했다. 그리고 마침내 한국 화장품 ODM 기업 최초로 코스맥스가 2021년 도쿄에 법인을 설립하자 일본 화장품 업계가 일제히 긴장하기 시작했다.

　'한국 흑선黑船의 침입.'

　일본 언론 매체는 코스맥스의 일본 진출을 이렇게 표현했다. 흑선은 에도 막부 말기에 검은 연기를 뿜는 증기기관 선박을 타고 일본에 와서 개항을 요구했던 미국 페리 제독의 선단을 가리킨다. 그만큼 글로벌 화장품 ODM 1위 기업인 코스맥스의 일본 진출에 위협을 느꼈다는 이야기다. 코스맥스가 일본에 공장 용지를 확보했다는 소식이 전해지자 일본 화장품 업계는 '대체 코스맥스가 일본에서 뭘 하려는 건가?' 하는 경계의 시선으로 바라보기 시작했다.

혁신적인 K-뷰티의 처방과 제형에 목말랐던 일본 화장품 브랜드는 코스맥스의 일본 진출을 내심으론 반기면서도 드러내놓고 표현하지는 못했다. 코스맥스가 제안하는 제형을 받아보고 반색하면서도 대개는 선뜻 긍정적인 답을 내놓지 않았다. 수십 년간 거래해 온 기업과의 의리를 중시하는 일본 화장품 업계 특유의 관행 때문이다.

포기하고 잊어버리고 있을 때쯤 이들은 다시 코스맥스에 연락해 온다. 대개는 기존 거래처에 코스맥스와 똑같이 만들 수 있는지 확인하는 형식적인 절차를 거친 후 결국 불가능하다는 답변을 들은 후다. 제형만 놓고 본다면 일본이 한국에 비해 10년 뒤처졌다는 평가가 나오고 있다. 돌다리도 두드려보는 일본 기업의 신중함 때문이다. 너무 두드려서 돌다리가 무너질 정도로 검증하고 또 검증하는 일본 기업의 신중함은 빠르게 변하는 화장품 시장에서만큼은 치명적인 단점으로 작용하고 있다.

경계가 환대로
바뀌는 순간

　아무리 코스맥스가 혁신적인 기술을 보유하고 있어도 수십 년간 단단히 구축된 일본 화장품 생태계의 방어벽을 뚫고 들어가는 과정은 쉽지 않았다. 하지만 혁신 앞에선 결국 일본 기업들도 당해낼 재간이 없었다. 이유는 하나다. 소비자들이 원하기 때문이다. 경찰까지 출동시킨 힌스를 비롯해 일본 소비자들의 취향에 맞게 패키지를 소형화해서 히트한 티르티르의 레드 쿠션, 독특한 제형으로 일본 소비자들을 사로잡은 퓌, 놀라운 가성비 제품으로 편의점까지 점령한 롬앤까지 일본 시장에서 K-뷰티의 질주는 계속되고 있다.

　한국 인디 브랜드가 일본 소비자들을 사로잡기 시작하면서 일본 기업의 K-뷰티 낯가림은 사라졌고, 서서히 코스맥스에 빗장을 풀기 시작했다. 시세이도^{Shiseido}가 코스맥스의 쿠션 파운데이션을 받아들였고, 40년의 역사를 자랑하는 캔메이크^{Canmake}가 창사 이래 처음으로 '메이드 인 코리아' 제품을 선택하도록 한 것도 코스맥스였다. 경계가 환대로 바뀌는 순간이었다.

　여전히 일본에서는 코스맥스를 경계와 두려움의 대상으로

바라보고 있지만, 코스맥스는 일본을 무너트려야 할 대상으로 보고 있지 않다. 도쿄에 법인을 세울 때부터 코스맥스는 검은 연기를 내뿜고 진격하는 구로후네^{黑船}가 아니라 구로코^{黑子}가 되겠다고 공공연하게 밝혔다. 구로코는 일본 전통극인 가부키에서 검은 옷에 두건을 두르고 뒤에서 극의 진행을 돕는 존재를 가리킨다. 코스맥스는 보이지 않는 곳에서 일본 화장품 산업의 부흥을 돕는 파트너가 되고 싶다. K-뷰티의 혁신성과 J-뷰티의 노하우가 어깨를 맞잡으면 전 세계를 선도할 'JK-코스메(코스메는 일본어로 화장품을 뜻하는 단어다)'라는 새로운 글로벌 연대의 성공 사례도 충분히 나올 수 있다고 생각한다.

중국과 동남아시아를 넘어 아시아 최대의 화장품 시장이자 미국, 중국과 함께 세계 3대 화장품 시장으로 꼽히는 일본에서 코스맥스의 입지는 점점 탄탄해지고 있다. 하지만 코스맥스에게 일본은 큰 도전이었다. 글로벌 화장품 ODM 1위 기업이라는 타이틀이 통하지 않는 보수적인 시장, 양국 사이에 눈에 보이지 않는 정서적이고 역사적인 감정이 뒤얽혀 있는 시장. 일본 시장 진출은 마치 단단하게 얼어붙은 호수의 얼음을 깨고 새로운 물길을 트는 여정과도 같았다. 그 얼음 아래에는 깊이를 가늠할 수 없는 차가운 물살이 흐르고, 균열을 내는 순간 곳곳에서 저항이 밀려온다. 현지 시장에 깊게 뿌리내린 배타적인 네트워크는 바위처럼 단단하게 자리하고 있어 외지인에 길을 내어주지 않았다.

하지만 언제는 쉬웠던가. 지금은 압도적인 1위를 차지하고 있는 중국에서도 코스맥스는 5년 넘게 고전을 면치 못했고, 인도네시아와 태국에서도 마찬가지였다. 해외 시장에 첫발을 내디뎌본 기업들은 안다. 현지 소비자들과 기업의 마음을 얻는 일이 생각만큼 쉽지 않다는 것을. 그렇기에 더욱 진취적인 포부와 단단한 신념이 필요하다는 것을. 구름을 뚫고 나오는 새벽빛처럼, 단단한 숲을 헤치며 길을 내는 개척자처럼, 작은 씨앗이 바위틈에 뿌리를 내리는 것처럼 끈질기게 도전해야 한다는 것을.

바위틈에 뿌리를 내리는 나무처럼

코스맥스에 해외 진출의 어려움을 여실히 깨닫게 해준 곳이 바로 미국이다. 2013년 법인을 설립하고 2014년에 오하이오 공장, 2017년에는 뉴저지에 제2공장을 마련하는 등 코스맥스는 세계 최대 화장품 시장인 미국에 깃발을 꽂기 위해 상당한

코스맥스 USA 법인

공을 들였다. 글로벌 화장품 ODM 기업 1위의 자리에 걸맞은 명성을 얻는 데 있어 미국은 마지막으로 맞춰야 할 퍼즐이라고 여겼다.

언론에도 이미 여러 차례 보도됐듯 코스맥스 미국 법인은 10년 동안 만성적인 적자에서 벗어나지 못했다. 그 어느 나라보다 변화를 잘 받아들일 것처럼 생각되는 미국이지만, 실제로 미국은 변화를 쉽게 받아들이지 않는 보수적인 시장으로 악명이 높다. 미국 소비자들은 익숙하고 신뢰할 수 있는 브랜드를 선호하는 경향이 강해 새로운 브랜드나 외국 기업은 시장에 진입할 때 기존 브랜드와의 경쟁에서 어려움을 겪는다.

삼성이나 현대자동차 같은 대기업도 미국에 진출해 현지 소비자들의 신뢰를 얻기까지 10년 이상 인고의 세월을 보내야 했으니 인지도가 없는 작은 기업은 말할 것도 없다. 실제로 1986년 포니 엑셀로 미국 시장을 노크했던 현대차는 오랜 기간 품질에 대한 혹평에 시달렸고 토크쇼에서 '일회용 차'라 불리며 개그의 소재가 되는 처지에 놓이기도 했다. 현대차는 이후 장기적인 관점에서 연구개발에 과감하게 투자했다. 이런 노력이 결실을 이룬 것은 2000년대 들어서였다. 현대차의 판매를 극적으로 끌어올린 파격적인 정책이 있었는데, 바로 1999년에 도입한 '10년/10만 마일 무상 보증 서비스'다. 이 서비스로 현대차는 미국 시장 진출 15년 만에 온전한 완성차 기업으로 자리 잡을 수 있었다.

미국 화장품 시장은 긴 시간을 두고 파트너십을 다져야만 끼어들 수 있는 시장이다. 이미 수많은 화장품 ODM 기업들이 미국에 진출해 있고, 글로벌에서 1위를 다투는 코스맥스의 경쟁사는 40년 먼저 미국 시장에 진출해 터를 잡고 있었다. 여기에 동양과 서양의 정서적인 차이까지 더해져 미국은 코스맥스에 무엇 하나 호락호락하지 않았다.

코스맥스가 할 수 있는 건 그들이 원하는 새로운 제품을 개발해 주고, 납기를 철저하게 맞춰주는 일뿐이었다. 제품 개발 사이클이 3~6개월인 한국과 달리 미국은 짧아야 1년, 길게는 2년 가까이 걸리기도 한다. 그만큼 고객사와 신뢰를 쌓는 데 시간이 더 걸릴 수밖에 없다.

무성한 숲길도 계속 오르면 길이 나기 마련이다. 최근 몇 년 사이 미국 화장품 시장도 변혁기를 맞았다. 소비자들의 스킨케어 루틴이 바뀌고 있다. 한국을 비롯한 아시아 문화의 영향을 받은 미국 소비자들은 기껏해야 2~3단계였던 스킨케어 루틴을 7단계로 늘리고 있다. 한국식 화장법이 미국 소비자들 사이에 스며들고 있는 것이다. 여기에 K-뷰티 인디 브랜드가 미국에서 성공 사례를 만들어내는 데 자극받은 현지 인디 브랜드가 시장에 참전하기 시작했고, 이것이 미국 화장품 시장에 막대한 에너지를 불어넣고 있다. 미국에서 화장품 수입 1위 국가가 한국이 된 것이 이를 증명하고 있다.

시장의 혁신은 언제나 그렇듯 코스맥스엔 기회다. 조건이 까다로우면 더 까다롭게 준비해 경쟁력을 키우면 된다. 최근 코스맥스 미국 법인은 선크림에서 강세를 보이고 있다. 자외선 차단제는 미국에서 일반의약품^{OTC}으로 분류된다. 이 때문에 까다로운 인증 과정을 거쳐 FDA로부터 OTC 적합 승인을 받은 공장에서 생산한 제품만 미국 내 유통·판매가 가능하다. 코스맥스는 국내 화성 공장뿐만 아니라 미국 뉴저지 공장 역

2024년 [1~12월] 미국 내 화장품 수입 현황
(단위: 달러)

대한민국	17억 1,000만
프랑스	12억 6,300만
캐나다	10억 2,200만
이탈리아	8억 7,900만
중국	6억 7,100만

시 OTC 제품 생산 승인을 유지하고 있다. 2023년엔 OTC랩을 설립해 가벼운 사용감과 다채로운 제형을 선호하는 미국 MZ세대 소비자 성향에 맞춰 선세럼, 선미스트, 선쿠션 등으로 제형을 다양화했다. 2022년까지만 해도 미미했던 선크림 매출이 계속 늘어나면서 2024년엔 미국 법인 전체 매출의 15% 이상을 선크림이 차지하며 효자 품목으로 거듭났다.

많은 한국 화장품 브랜드가 아마존에서 성공 사례를 쓰고 있다. 하지만 미국에서 진정한 성공을 거두려면 세계 최대 화장품 백화점인 세포라Sephora에 입점해야 한다. 세포라에 입점하려면 클린 기준 등 까다로운 규정을 맞춰야 한다. 그런 점에서 코스맥스는 미국 뷰티 성지인 세포라 입점을 원하는 브랜드에 가장 적합한 파트너다.

선크림 외에도 미국에서 최근 선풍적인 인기를 끈 튜빙 마스카라^{Tubing Mascara*}와 푹신한 형태로 발림성이 좋고 오랜 시간 색상이 유지되는 젤리 블러셔가 인기를 끌면서 스킨케어에 이어 메이크업 시장에서도 코스맥스의 활동 반경이 넓어지고 있다. 미국 시장에서 젤리 블러셔^{Jelly Blusher**}로 크게 인기를 끈 인디 브랜드 켄도^{Kendo}의 경우 미국 시장에서의 성공을 바탕으로 아시아 시장까지 진출하기 위해 코스맥스 본사로 생산을 이관했다. 미국 현지의 성과가 본사에도 영향을 미치는 사례다.

2025년은 코스맥스 미국 법인의 흑자 전환 원년이 될 것으로 기대하고 있다. 신제품 개발 주기가 긴 미국에서 이미 하반기까지 진행될 프로젝트를 다수 확보해 3/4, 4/4 분기 고속 성장이 예고된 상황이다. 10년이 넘는 긴 세월을 버텨낸 결과다.

● 속눈썹을 '튜브'처럼 코팅하는 마스카라 제형. 고분자 필름 형성 기술을 이용하여 속눈썹 표면에 '필름 튜브 코팅'을 만든다. 길이 연장과 지속력이 뛰어나며, 클렌징 시 미온수만으로도 튜브가 통째로 분리되어 간편한 클렌징이 가능하다.

●● 젤리 같은 탄력 있는 질감의 블러셔 제품. 피부에 쫀득하게 밀착되며 자연스러운 혈색을 표현할 수 있다. 파우더보다 촉촉하고, 크림보다 가벼운 사용감을 제공한다.

기업들이 해외 시장에 도전하는 것은 단지 매출 확대를 위한 선택은 아니다. 새로운 기회를 발굴하고 자신의 한계를 넘어서는 자기 혁신의 과정이다. 이 과정을 통해 기업은 세계 무대에서 새로운 가능성을 탐색한다.

물론 이러한 과정은 5년, 혹은 그 이상의 시간이 걸리기도 한다. 그러나 시간이 걸리는 만큼 기업이 얻는 성장은 단지 숫자로 표현될 수 없는 가치를 가진다. 새로운 시장에서 쌓은 경험은 기업의 내실을 다지게 하고, 다양한 문화와 소비자를 이해하며 글로벌 기업으로 체력을 키우는 자양분이 된다. 그 자양분으로 마침내 낯선 땅에 뿌리를 내리고, 그곳에서 꽃을 피운다. 그리고 그 꽃은 다시 본국으로 돌아와 기업의 전체 생태계를 풍성하게 만든다.

앞으로도 코스맥스는 더 멀리, 더 넓은 세계로 나아갈 것이다. 지금까지 그래왔듯 코스맥스는 누구보다 먼저 떠오르는 시장에 가서 그 중심의 자리에 단단히 터를 잡고 다가오는 기회를 맞이할 것이다.

코스맥스 현지화의
세 가지 원칙

물론 글로벌로 나간다고 해서 성공이 보장되는 것은 아니다. 더 치열한 경쟁 속에서 기업은 생존과 성장을 동시에 고민해야 하는 상황에 직면한다. 국가별로 다른 문화적 차이, 소비자 선호, 규제 환경을 충분히 이해하지 못하면 현지 시장에서 외면받기 십상이다. 이미 강력하게 자리 잡은 현지 기업들의 거대한 네트워크를 뚫고 들어가는 것도 쉽지 않다. 소비자들은 익숙한 브랜드를 선호하고 신뢰하는 경향이 강해 새로운 브랜드나 기업이 인지도를 높이고 신뢰를 쌓으려면 긴 인고의 시간이 필요하다.

하지만 코스맥스의 해외 진출기에서 보았듯 해외 시장의 높은 관문을 뚫고 성공적으로 진입하면 놀라운 성장의 기회를 선물로 받을 수 있다. 그 과정에서 얻은 경험과 전략, 솔루션은 회사의 자산으로 혁신의 자양분이 된다.

느리더라도 안전하게, 그리고 함께

지난 20년 동안 해외 시장의 문을 두드리며 터득한 경험과 노하우는 코스맥스 현지화의 세 가지 원칙에 그대로 담겨 있다. 첫 번째 원칙은 현지 법규와 정책의 준수다. 글로벌 시장에서 성공하려면 단순히 제품이나 서비스를 현지에 공급하는 것을 넘어 해당 국가의 정책과 규제를 존중하고 그것을 철저히 준수하는 태도를 견지해야 한다. 현지 정부의 정책은 그 사회의 규범과 가치가 반영된 산물이다. 이를 이해하고 이행하는 것은 기업의 장기적인 신뢰도와 안정적 운영의 토대가 된다.

현지 정부의 규정을 따르지 않거나 이를 무시하면 기업은 벌금, 영업 정지, 평판 훼손 등 심각한 결과에 직면할 수 있다. 이는 단순한 법적 리스크를 넘어 현지 고객들과 이해관계자들에게 부정적인 이미지를 심어주게 된다. 이와 반대로 현지 법률과 규제, 정책을 성실히 준수하면 지역사회와 신뢰를 쌓을 수 있고 이를 기반으로 사업 확장의 기반을 마련할 수 있다.

코스맥스 차이나 설립 초기에 세금계산서를 끊지 않고 물건을 공급해 달라고 요청하는 고객사가 적지 않았다. 중국 진출 초기 고전했던 코스맥스로서는 고객사 한 곳이 아쉬운 상황이었지만 투명 거래의 원칙을 깨뜨릴 수는 없어 단호히 거절했다. 그러자 현지 기업 사이에서 코스맥스와는 무자료 거래를 할 수 없다는 소문이 퍼졌다.

이런 자세를 견지했음에도 코스맥스는 중국에서 매년 성장하고 공장도 계속 늘려나갔다. 근로 정책을 철저하게 지키고, 세금도 성실하게 납부해 매년 성실 납세 기업으로 수상도 했다. 2023년엔 상하이시 고용 창출 100대 기업에 선정되기도 했다.

코스맥스 차이나는 2020년 코로나19 팬데믹이 터진 후 화장품 업계가 어려움을 겪는 가운데서도 이듬해인 2021년에 매출 신기록을 세웠다. 이즈음 코스맥스와 함께 성장한 현지 화장품 기업들이 가격 등을 이유로 다른 ODM 기업으로 옮겨가는 일들도 생기기 시작했다. 그런데 이후 이상한 현상이 나타났다. 성장가도를 달리는 중국 화장품 기업들이 약속이나 한 듯 코스맥스로 회귀하기 시작한 것이다. 주된 이유는 법률 리스크였다. 다른 ODM 기업과 일하다 법적인 문제에 휘말렸거나, 회사가 성장하면서 법률 리스크에 대비해야 할 필요성을 느낀 것이다.

중국에는 투서라는 특이한 근로자 문화가 있다. 특히 외국 기업이 자주 표적이 된다. 퇴직 후 자신이 알고 있는 내부 비리를 폭로해 회사를 위기에 빠뜨리는 예는 수도 없이 많다. 선전 월마트는 내부 직원의 고발로 유통기한이 지난 식재료를 사용한 비위생적인 행태가 밝혀지면서 한순간 큰 위기를 맞기도 했다. 이는 기업이 해외 시장에서 성공적으로 자리 잡기 위해 현지 법률과 규정을 철저히 이해하고 존중하는 것이 얼마나 중요한지를 보여준다.

중국에 투서가 있다면 미국에는 고발이 있다. 미국은 상대적으로 직원 해고가 자유로운 것으로 알려졌지만, 내막을 잘 모르고 하는 얘기다. 미국에는 고용차별방지법 $^{\text{CRA Title VII}}$, 연방노동기준법 ^{FLSA}, 가족의료휴가법 ^{FMLA} 등 노동자의 권리를 보호하는 법률이 두텁게 마련돼 있어 회사를 상대로 한 직원의 고발 사례가 빈번하다. 실제로 미국에 진출한 국내 모 대기업의 경우 상시적으로 30건 내외의 고발 사건을 안고 있다고 한다. 고발 이유도 한국 기업으로선 이해하기 어려운 내용이 많다. 회의 시간에 어쩌다 한국 직원들끼리 한국어로 이야기한 일로 자신을 배제했다며 고발하는 경우도 있고, 사무실 온도가 지나치게 높거나 낮은 것으로도 고발한 사례가 있다.

반면 코스맥스는 2023년 오하이오 솔론 공장을 정리해 뉴저지 공장으로 통폐합하는 과정에서 단 한 건의 고발도 당하지 않았다. 공장 폐쇄의 경우에는 부당 해고, 통보 기간 미준수, 퇴직금 및 보상금 문제 등으로 직원들의 고발과 법적 분쟁이 더 빈번하게 발생한다. 코스맥스는 2022년 7월 공장 설립 7년 만에 솔론 공장 폐쇄를 전격 결정했다. 이전까지는 미국에서 공장을 이원화해 운영했다. 상대적으로 규모가 큰 솔론 공장은 OEM 위주의 대량 생산 시설이었고, 규모가 작은 뉴저지 공장은 ODM 생산에 특화돼 있었다. 솔론 공장 폐쇄는 미국 시장이 변혁기에 들어서면서 OEM보다는 ODM에 역량을 집중하기 위해 주요 생산설비를 뉴저지 공장으로 이동해 관리를 일원화하기 위한 전략적인 선택이었다. 하지만 7년간 코스맥스에서 일한 직원들에겐 받아들이기 쉽지 않은 결정이었을 게 분명하다.

코스맥스는 직원과의 투명한 커뮤니케이션, 공정한 보상 패키지 제공이 무엇보다 중요하다고 인식했다. 그래서 전 직원을 대상으로 일대일 면담을 진행했다. 공장을 폐쇄할 수밖에 없는 사정을 투명하게 설명하고, 직원이 원하면 뉴저지 공장에서 일할 수 있는 옵션도 제시했다. 사정상 퇴직이 불가피한 직원들에게는 보상금도 지급했다. 이러한 노력은 법률적인 분쟁을 피하기 위해서가 아니라 회사를 위해 일해준 직원들의 미래를 진심으로 걱정해서였다. 이런 과정을 거친 덕분에 2023년 1월 단 한 건의 고발 없이 솔론 공장의 폐쇄는 무사히 마무리됐다.

K-뷰티의 DNA를 담은 철저한 현지화

코스맥스 현지화의 두 번째 원칙은 고객을 도와주는 위치에 있어야 한다는 것이다. 이를 이루게 하는 것이 '고객 중심 혁신'이다. 국내든 해외든 코스맥스의 가장 강력한 경쟁력은 고객사에 끊임없는 혁신을 제공하는 데 있다. ODM 기업의 존재 가치는 고객사가 자체적으로 제품을 개발하거나 생산하는 것보다 더 빠르고, 저렴하며, 우수한 기술력을 제공하는 데 있다. 코스맥스는 고객사와의 협업 과정에서 혁신의 공급자 역할을 충실히 수행하며 고객사의 성장을 지원한다. 고객사의 성장이 곧 코스맥스의 성장이기 때문이다.

브랜드가 자체 개발 능력을 보유하거나 자체 생산공장을 운영할 수 있는 수준으로 성장하는 순간 ODM 기업의 가치는 사라진다. 실제로 코스맥스와 거래했던 많은 기업이 기술력과 생산 능력을 내재화한 후 코스맥스를 졸업했다. 이런 기업들의 성장에 코스맥스는 아낌없는 박수를 보낸다. 그런데 그렇게 떠났던 많은 기업이 다시 코스맥스를 찾는다. 혁신이 필요한 그들에게 코스맥스는 여전히 필요한 파트너이기 때문이다.

콧대 높은 일본 화장품 시장의 단단한 벽을 뚫은 것도 결국 혁신이었다. 일본은 우리보다 수십 년 먼저 화장품을 생산했던 국가다. 지난날 아시아에서 내세울 만한 화장품 생산국은 일본이 유일했다. K-뷰티를 외세로 받아들이는 일본의 단단한 생태계를 비집고 들어간 것은 순전히 흉내 낼 수 없는 코스맥스만의 탁월한 기술 초격차의 힘 때문이었다.

인도네시아에서 한국의 쿠션 파운데이션이 침투하기 시작한 데도 코스맥스의 현지화 전략이 주효했다. 이전까지 인도네시아는 한국 쿠션 파운데이션의 무덤이었다. '물광'을 내세운 한국산 쿠션 제품은 덥고 습한 인도네시아 기후에 맞지 않아 처참하게 실패했다. 해외에서 좋은 반응을 얻은 라네즈나 이니스프리도 마찬가지였다. 지금은 인도네시아에서 K-뷰티의 톱 브랜드로 성장했지만, 당시에는 소비자들의 마음을 얻지 못했다. 그들이 놓친 것은 인도네시아 현지 소비자들의 니즈였다.

앞서도 설명한 바 있지만 인도네시아는 한국인이 좋아하는 물광을 촉촉하다기보다는 지저분한 것으로 받아들인다. 이들에겐 매트하면서도 피부에 부드럽게 발리는 제형이 필요하다. 이런 제형 기술력은 코스맥스의 특기다. 여기에 한 가지 더 해결해야 할 과제가 있었다. 비싼 쿠션 파운데이션 용기의 단가를 낮춰야 했다. 이 문제는 코스맥스 차이나의 도움을 받았다. 용기 구조를 단순하게 만들어 가격을 낮춘 코스맥스 차이나의 연구 성과를 가져와 인도네시아 소비자의 요구에 맞는 제형으로 완성했다.

이 제품은 대박을 터뜨리면서 1년에 560만 개가 팔려나갔다. 이 쿠션 파운데이션을 출시한 기업은 이 제품 하나로 급성장했고, 인도네시아에 드디어 K-뷰티를 상징하는 쿠션 파운데이션이 보급되기 시작했다. 현재 인도네시아 화장품 시장에서 유통되는 쿠션 10개 가운데 9개는 코스맥스에서 제조된 것이다.

'고객과 소비자에게 계속 도움을 줄 수 있는 위치에 있어야 한다.'

이것이 코스맥스가 글로벌로 뻗어나갈 수 있었던 핵심 요인이다.

비전과 가치를 공유하는
'원 코스맥스'

현지화의 세 번째 원칙은 현지 직원의 애사심 고취다. 코로나19 팬데믹 당시 중국 직원들의 희생에서도 보았듯 해외 법인 직원들의 애사심을 키우는 일은 단기적인 성과를 넘어 기업이 글로벌 시장에서 지속 가능한 경쟁력을 확보하기 위해 반드시 해결해야 할 과제다. 직원들의 마음과 신뢰를 얻는 것이야말로 진정한 글로벌 성공의 열쇠가 된다는 말이다.

애사심은 개인이 자신의 직장에 대해 느끼는 소속감, 충성심, 책임감을 의미한다. 직원들의 애사심은 조직의 장기적인 성공과 밀접하게 연관되어 있으며, 이를 효과적으로 키우기 위해선 깊은 고민과 다각적인 접근이 필요하다. 많은 경영자가 애사심의 중요성을 알고 있으면서도 그것을 형성하고 유지하는 데는 어려움을 겪는다.

애사심은 어떤 조건에서 만들어지고 유지될까. 매슬로Maslow의 욕구 단계 이론에 적용해 보면 애사심은 직원이 조직에서 기본적인 욕구(안전, 생존)가 충족된 후 상위 욕구(소속감, 존중, 자기실현)가 충족될 때 자연스럽게 형성된다. 이를 위해선 공정한 보상과 경제적 안정성, 안전한 근무 환경과 성장 기회의

충족이 필요하다.

오늘날 많은 기업이 글로벌로 사업을 확장하고 있지만, 현지 법인 직원들의 애사심을 키우는 문제는 여전히 쉽지 않은 도전 과제로 남아 있다. 본사 파견 직원과의 차별, 열악한 근무 환경 등은 현지 직원들이 기업에 대한 헌신과 충성심을 갖기 어렵게 만드는 주요 요인으로 작용한다. 이 경우 현지 직원들은 본사와의 관계에서 종종 '2급 시민'이라고 느낄 수 있다. 이와 같은 차별은 직원들의 애사심을 약화하는 주요 요인이 되고, 때로는 내부 고발이라는 형태로 회사를 위기로 몰고 가기도 한다.

뇌과학의 원리를 리더십과 조직 관리에 적용하는 뉴로리더십neuroleadership 분야 선구자인 데이비드 록David Rock 박사는 공정한 대우와 긍정적인 경험이 직원들의 업무 성과를 높일 수 있다는 연구 결과를 발표했다. 그가 개발한 신경과학 기반의 프레임워크인 SCARF 모델은 Status(지위), Certainty(확실성), Autonomy(자율성), Relatedness(관계성), Fairness(공정성)의 다섯 가지 요소로 구성되어 있다. 이 중 공정성은 개인이 타인과 비교해 평등하게 대우받는다고 느끼는 정도를 나타낸다. 직원들이 공정한 대우를 받는다고 느낄 때 그들의 두뇌는 보상 상태로 전환되어 동기 부여와 생산성이 향상되고, 반대로 불공정하다고 느낄 때 위협 반응이 촉발되어 스트레스와 불만이 증가한다.

실제로 공정한 대우를 받았을 때 활성화되는 뇌의 영역이 맛있는 음식, 행복한 기억, 사랑하는 가족을 떠올릴 때 활성화되는 영역과 같다는 연구 결과는 직원들이 공정성을 경험하는 환경은 그 자체로 보상이 된다는 록 박사의 주장을 뒷받침한다.

부당한 기준으로 직원들을 차별할 때 조직에는 냉소주의가 팽배해진다. 능력 있는 직원보다 상사와 관계가 좋은 직원을 먼저 승진시키면 부당하게 승진에서 누락된 직원은 이직을 선택하게 되고, 이런 일들이 반복되면 조직의 분위기가 악화한다.

코스맥스는 해외 법인에 소속된 현지 직원들을 차별하는 어떤 제한도 두지 않는다. 팬데믹으로 상하이가 봉쇄됐을 때 공장을 진두지휘했던 공장장을 채용할 당시 그의 남다른 창의력과 통솔력을 눈여겨봤던 최경 부회장은 그에게 열심히 일해서 코스맥스 차이나 CEO가 되라고 격려했다. 이 말은 단지 형식적인 격려로 머물지 않았다. 탁월한 능력을 인정받아 1년에 한 단계씩 진급한 공장장은 현재 코스맥스 차이나의 생산부문장을 맡고 있다.

다른 해외 법인도 마찬가지다. 태국 법인에서 공장장에 현지인을 고용하자 오히려 현지 직원들이 더 놀라는 모습을 보일 정도였다. 코스맥스의 해외 법인에 차별이나 유리 천장은 존재하지 않는다. 해외 법인 직원들은 코스맥스 본사 직원과 동일한 비전과 가치를 공유하고 있다.

조직의 가치를 공유하는 직원은 어떠한 상황에서도 주체적으로 대응한다. 188년의 역사를 자랑하는 글로벌 생활용품 기업이자 코스맥스의 고객사인 P&G는 리더를 잘 키우는 회사로 정평이 나 있다. 신입사원에게도 한 아이템의 전체 프로세스를 담당할 수 있도록 업무를 맡기고, 목표와 일정만 합의되면 업무 처리에 대한 대부분의 권한을 준다. 국적은 물론이고 직급, 연령에 관계 없이 직원의 능력에 따라 해외 지사 근무 기회를 제공한다. 그래서일까, P&G는 글로벌 인재 양성소로 불린다.

직원들이 주인의식을 가지고 회사의 비전과 가치를 공유했는지는 그들이 퇴사한 이후에 더 확연하게 드러난다. 자신이 일했던 회사에 좋지 않은 감정을 가졌다면 벌어지지 않을 일들이 코스맥스에서는 드물지 않게 일어난다. 한국에서도 그렇지만 해외 법인에선 현지 직원의 이직이 더 빈번하게 발생한다. 그런데 브랜드로 이직한 직원이 회사에 코스맥스를 추천하는 경우가 드물지 않고 때로는 업계의 정보를 슬쩍 흘려주기도 한다. 정민경 인도네시아 법인장이 들려준 다음의 일화는 평범한 듯 보이지만 특별한 울림을 주는 메시지를 담고 있다.

"자카르타에서 6시간 걸리는 곳으로 시집을 가면서 그만둔 직원이 있는데, 지금도 가끔 연락해 옵니다. 오래 함께했던 직원이라 늘 반갑죠. 그런데 전화할 때마다 꼭 하는 이야기가 있어요. 자신이 사는 지역의 화장품 매장에서 요즘 어떤 제품이 잘나가는지, 어떤 브랜드가 뜨고 있는지 자세하게 얘기해 줘요. 자신이 일했던 회사에 도움이 되겠다는 그 마음이 정말 고맙지 않습니까?"

현지 직원들과 본사 파견 주재원을 차별했다면, 유리 천장이 존재했다면, 직원의 성장과 발전을 외면했다면 절대 일어나지 않을 일이다.

현지 정책 준수, 고객 중심 혁신, 직원의 애사심이라는 코스맥스의 현지화 원칙은 서로 유기적으로 연결되어 코스맥스가 글로벌 시장에서 성공을 거두는 기반이 되었다. 직원의 근무 환경과 처우를 개선하기 위한 노력은 직원의 애사심을 높이는 결과를 낳았고, 코스맥스 본사와 강력하게 동기화된 직원들의 주인의식은 현지 고객사의 성장을 도우며 신뢰를 탄탄하게 다짐으로써 글로벌 시장에서 코스맥스의 경쟁력을 높였다.

해외 시장에서의 진정한 성공은 단기적인 이익이 아니라 직원과 고객, 현지 사회 모두가 공감하는 가치를 실천하며 쌓아가는 신뢰에서 비롯된다. 이는 코스맥스를 단순히 ODM 기업을 넘어 글로벌 시장의 리더로 자리 잡게 한 핵심 전략이다.

기업들이 해외 시장에 도전하는 것은
단지 매출 확대를 위한 선택이 아니다.
새로운 기회를 발굴하고 자신의 한계를
넘어서는 자기 혁신의 과정이다.

PART 4

함께 나아가다
COSMAX
코스맥스 3.0

1

한국 화장품의 글로벌화를 주도하는
인디 브랜드의 성공 신화는
탄탄한 K-뷰티 생태계가 길러낸 열매다.
지난 30여 년간 그 중심에서
K-뷰티에 창조적 에너지를 불어넣은
코스맥스는
이제 개인 맞춤형 화장품 시대로
향하고 있다.

진격의
인디 브랜드

    2024년은 K-뷰티의 해였다고 해도 과언이 아니다. 2024년 한국 화장품 수출액은 102억 달러로 역대 최대치였던 2021년의 92억 달러를 뛰어넘으며 사상 최고치를 기록했다. 코로나 19 팬데믹 이후 세계 경제의 불확실성이 상당 기간 이어진 것을 감안하면 놀랄 만한 성과라고 할 수 있다. 팬데믹이라는 절체절명의 위기에서도 K-뷰티의 빛은 꺼지지 않았고, 오히려 세계 시장에서 이전보다 더 강력한 영향력을 유지하며 K-뷰티의 전성기는 끝났다는 일각의 회의론을 잠재웠다.

    이런 흐름 속에서 코스맥스도 2024년 3조 1,200억 원의 매출액을 기록했다. 2019년 2조 원을 돌파한 지 5년 만에 3조 원을 넘긴 것이다. 2024년 한 해 동안 코스맥스가 직접 수출하거나 고객을 통해 해외에서 거둬들인 간접수출을 합하면, 전체 한국 화장품 수출액 102억 달러 중 약 26%를 차지한다. 이는 2024년 코스맥스 매출액 중 60%가 수출에서 나온 결과로, 한국 화장품의 성장에 적지 않은 역할을 했다는 자부심을 느낀다.

그런데 더 정확하게 말하면 2024년은 K-뷰티 인디 브랜드의 해였다. 글로벌 화장품 시장을 주도했던 대기업들이 나란히 실적 부진에 허덕이는 사이 '메가 인디 브랜드'라 불리는 K-뷰티의 새 얼굴들이 무대에 등장해 존재감을 높였다.

화장품 업계에서 인디 브랜드는 고유한 아이덴티티와 창의성을 중요시하며, 대중적인 소비자층보다는 특정 니치 시장을 겨냥해 대기업과는 차별화된 철학과 스토리를 내세우며 성장하고 있다. 특히 이들은 지속 가능성, 윤리적 소비, 개인화된 경험 등을 강조하며 디지털 플랫폼과 소셜 미디어를 통해 소비자와 밀접하게 소통하는 것이 특징이다. 대기업과 같은 강력한 오프라인 유통망을 갖고 있지 않고도 온라인 채널을 활용해 빠르게 성장하고 있다는 측면에서 인디 브랜드는 대기업을 위협하는 존재로 대두되고 있다.

K-뷰티의 주인공이 바뀐 것은 한국 화장품 총수출에서 차

지하는 인디 브랜드의 비중에서 확인할 수 있다. 중소벤처기업부에 따르면 2024년 상반기 중소기업 화장품 수출액은 33억 달러(약 4조 4,000억 원)로 전년 같은 기간보다 30.8% 증가하며 상반기 역대 최고치를 기록했다. 반면 같은 기간 대기업의 화장품 수출은 23%나 줄었다.

한국 화장품 수출에서 차지하는 인디 브랜드의 비중은 지난 10년 사이 비약적으로 상승했다. 2011년에 한국 화장품 수출의 11% 정도에 그쳤던 인디 브랜드의 비중은 2024년에는 69%로 껑충 뛰었다. 수출되는 화장품 10개 중 7개가 인디 브랜드 제품이라는 의미다. 달리 말하면 인디 브랜드의 활약이 없었다면 2024년 한국 화장품 수출액 최고 기록 경신은 불가능했다는 이야기다.

2024년 말 기준으로 코스맥스의 파트너사로서 매출액 1,000억 원이 넘는 메가 인디 브랜드는 24개에 달한다. 구다이글로벌(조선미녀, 티르티르, 스킨1004), 마녀공장, 브이티(VT코스메틱), 비나우(퓌, 넘버즈인), 서린컴퍼니(라운드랩), 아이패밀리에스씨(롬앤, 누즈) 등이 나란히 매출 1,000억 원 이상을 기록하며 메가 인디 브랜드 명단에 이름을 올렸다. 같은 해 아모레퍼시픽과 LG생활건강이 면세점과 중국 시장 매출 감소로 전년 대비 매출이 각각 10.5%(영업이익 44.1% 감소), 5.3%(영업이익 31.5% 감소) 감소한 것과는 극명한 대조를 이룬다.

이러한 추세는 2024년에도 이어졌다. 2024년 6월 올리브영이 진행한 '올리브영 세일'에서 매출액 기준 상위 10위 제품 모두가 중소 브랜드인 것으로 나타났다. 실제로 올리브영 매출의 80% 이상이 중소기업 브랜드에서 나오며, 올리브영에서 100억 원 이상의 매출을 기록한 중소기업 비중도 2020년 39%에서 2023년 51%로 크게 늘었다.

K-뷰티의 세대교체와
달라진 성공 방정식

인디 브랜드의 활약은 해외 시장에서 더 눈에 띈다. 2024년 7월 2억 명이 넘는 유료 멤버십 회원을 대상으로 한 아마존의 연중 최대 할인 행사 '아마존 프라임 데이'에서 한국 뷰티 셀러의 매출은 전년 행사 대비 2.2배나 증가했다. 뷰티 부문(뷰티 & 퍼스널 케어) 전체 1위를 차지한 코스알엑스의 '스네일 96 뮤신 파워 에센스'를 필두로 2, 3, 4위 모두 K-뷰티 브랜드가 휩쓸었다. VT코스메틱, 티르티르, 아누아, 조선미녀, 가히와 같은 인디 브랜드도 100위 안에 이름을 올렸다. 2024년 미국에서 수입한 화장품 국가 순위에서 한국이 1위를 차지한 것은 우연히 이뤄진 게 아니다.

콧대 높은 일본 시장에서도 K-뷰티에 대한 반응이 뜨겁다. 일본 편의점에서 가장 눈에 띄는 진열대는 K-뷰티 제품들이 차지했다. 젊은 일본 여성들을 겨냥한 퍼스널 컬러 기반의 맞춤형 제품으로 주목받은 아이패밀리에스씨의 뷰티 브랜드 롬앤은 일본 현지화의 대표적인 성공 사례로 꼽힌다. 코스맥스의 파트너사이기도 한 아이패밀리에스씨는 일본 편의점 로손과 손잡고 가성비 색조 브랜드 앤드바이롬앤을 선보여 일본에서 선풍적인 인기를 끌고 있다.

2개월 분량의 재고를 확보하고 출시한 앤드바이롬앤의 립스틱은 일본에 출시된 지 사흘 만에 품절 사태를 맞기도 했다. 크기를 일반 립스틱의 3분의 2로 줄이는 대신 가격을 1,000엔 안팎으로 낮춘 가성비 전략이 일본 소비자들에게 통했다는 평이다. 일본 로손에서만 구입할 수 있어 국내 소비자들의 일본 여행 필수 쇼핑 품목으로 꼽히지만, 워낙 잦은 품절 사태로 운이 좋아야만 구입할 수 있는 제품으로 SNS에서 회자되고 있을 만큼 인기가 높다. 그 결과 한국은 일본에서 2022년부터 외국 화장품 수입 국가 순위에서 1위를 유지하고 있다.

미국 대형 유통 채널인 코스트코도 K-뷰티 인디 브랜드가 접수했다. 자연 유래 성분을 바탕으로 혁신적인 성분 배합을 시도해 온 마녀공장은 일본에 이어 미국에서도 성과를 내고 있다. 마녀공장의 베스트셀러 '퓨어 클렌징 오일'은 아마존에서 꾸준히 매출 상위권을 지키며 마녀공장을 미국 소비자에게 알린 주역으로 꼽힌다. 글로벌 패션·뷰티 매체 《보그》로부터 "클린 뷰티의 미래를 이끌어갈 K-뷰티 대표 브랜드"라는 찬사를 받은 마녀공장은 2024년 8월 미국 코스트코 매장 300곳에 입점을 마쳤고, 2025년 말까지 400개 매장으로 확대할 예정이다.

이들 모두 화장품 산업에서 브랜드의 성패를 좌우한다고 알려진 인지도와 유통 채널 없이 성공한 사례다. 그리고 이는 K-뷰티에 혁신을 불어넣은 수많은 인디 브랜드 성공 사례 중 극히 일부에 불과하다. 코스맥스와 함께 성장해 글로벌 화장품 기업에 인수된 스타일난다, AHC, 닥터자르트도 대표적인 1세대 K-뷰티 인디 브랜드다. 이들의 혁신 DNA를 물려받은 재기발랄하고 개성 넘치는 인디 브랜드는 지금 이 순간에도 탄생하고 있다.

수많은 인디 브랜드의 성장 과정과 성공 사례를 곁에서 봐온 코스맥스는 글로벌 뷰티 시장에 혁신을 수혈하고 있는 인디 브랜드의 존재가 'K-뷰티의 미래가 어디로 향할 것인가'에 대한 훌륭한 해답이 된다고 생각한다. 인디 브랜드는 혁신적인 기술과 아이디어로 IT 산업에 변화를 몰고 온 미국 실리콘밸리 스타트업의 존재에 비견할 만하다. 애플, 구글도 처음엔 스타트업이었다. 이들은 대기업이 해결하지 못한 문제를 빠르게 포착하고 혁신적인 기술과 아이디어로 산업에 파괴적인 혁신을 불러일으킨 주인공이다. 이들과 마찬가지로 K-뷰티의 인디 브랜드들 또한 대기업의 부진을 메우며 화장품 시장에 새로운 활력을 불어넣고 있다. 뷰티 산업 관계자들은 이를 두고 "K-뷰티의 진정한 혁신은 대기업이 아니라 인디 브랜드에서 시작되고 있다"고 입을 모은다.

2024년 코스맥스의 매출 3조 원 달성 또한 인디 브랜드와 동반 성장한 결과다. 최근 몇 년간 인디 브랜드 고객사와의 동반 성장은 코스맥스의 최우선 경영 과제였다. 비단 국내만의 이야기는 아니다. 중국, 동남아시아, 미국, 일본 시장에서도 온라인과 오프라인 유통, 인플루언서, 공동구매 등 다양한 채널에서 인디 브랜드 고객사를 확보했고, 수많은 성공 사례를 만들어내며 인디 브랜드의 성장을 뒷받침하는 혁신 파트너로 자리매김했다. 이는 2025년 1/4분기에 각국 화장품 수출 실적에서 한국이 프랑스에 이어 2위로 올라선 것을 잘 입증하고 있다.

인디 브랜드의
성공 비결

　이쯤에서 이 책의 서두에서 언급했던 글로벌 뷰티 기업 L사의 이야기로 돌아가보자.
　"한국의 인디 브랜드와 우리가 어떤 점에서 다른지 설명해 줄 수 있겠어요?"
　자사를 방문한 이경수 회장에게 L사의 연구총책임자는 이렇게 물었다. 유수의 글로벌 뷰티 브랜드가 한국의 작은 브랜드를 주의 깊게 보고 있음이 읽히는 질문이었다. 수많은 인디 브랜드의 성공 파트너인 코스맥스가 그 답을 모를 리 없다.
　이경수 회장이 짚어낸 인디 브랜드의 강점은 크게 세 가지이며, 이러한 특징은 최근 산업 전반에서 일어나는 공통점으로 코스맥스는 여기에 대응하여 준비하고 있다.

첫째는 속도의 차이다. 몸집이 작은 인디 브랜드는 특유의 민첩성으로 시장의 니즈를 빠르게 포착하고 이를 제품에 반영한다. 대기업은 조직의 규모가 크고 결재 프로세스가 복잡해 의사결정이 느린 경향이 있다. 반면 인디 브랜드는 작은 조직과 유연한 의사결정 구조 덕분에 시장의 변화에 빠르게 대응할 수 있다. 대기업이 회의와 결재에 시간을 뺏기며 머뭇거리는 사이 인디 브랜드는 트렌드를 반영한 제품을 즉각 출시하고 마케팅을 펼친다.

대기업이 철저한 시장 분석을 기반으로 제품을 개발하고 기능별로 역할이 분담된 조직에서 완벽한 자료를 토대로 신중하게 의사결정을 한 뒤 빈틈없이 실행에 옮겨 계획한 대로 성과를 거두는 방식이라면, 인디 브랜드는 전략의 큰 방향만 잡고 가설을 세운 뒤 가능한 한 빨리 제품을 출시한 후 시장의 반응을 살핀 뒤 개선해 나간다. 시장 환경과 소비자 니즈의 변화가 날이 갈수록 빨라지고 있는 지금, 어떤 기업이 경쟁에서 더 유리한지는 불 보듯 뻔하다.

둘째는 온라인 활용이다. 온라인과 SNS의 발달은 정보 비대칭성을 완화해 대기업 위주의 화장품 시장에 균열을 냈다. 예전엔 제품의 효능이나 효과를 파악할 수 있는 창구가 제한적이었기 때문에 대기업이 우위를 유지할 수 있었지만, 이제는 소비자들이 다양한 채널을 통해 정보를 접할 수 있게 되면서 기존의 명성에 기대는 마케팅 방식이 더 이상 통하지 않게 됐다.

대기업이 여전히 전통적인 유통망과 오프라인 매장에 큰 비중을 두고 있는 사이 인디 브랜드는 온라인 시장을 중심으로 더 빠르고 효율적으로 시장을 확대하고 있다. 소비자와 소통을 강화하고, 인플루언서 등을 적극적으로 활용하는 마케팅 전략을 통해 전 세계 소비자를 대상으로 빠르게 인지도를 높였다. 온라인 기반의 유통 플랫폼인 아마존, 알리 익스프레스, 쇼피, 큐텐 등이 인디 브랜드의 성장에 큰 역할을 했음은 말할 것도 없다.

대기업이 막대한 광고비를 들여 전통적인 방식으로 마케팅을 펼치는 동안, 인디 브랜드는 비교적 적은 비용으로도 온라인 유통 채널과 소셜 미디어를 통해 글로벌 소비자와 빠르게 연결되고 있다. 굳이 시간과 비용을 들여 해외 출장을 가지 않고서도 실시간으로 수출을 할 수 있는 세상이다. 디지털과 온라인 기술의 발달은 인디 브랜드의 글로벌 시장 접근성을 높였고, 소셜 미디어와 전자상거래 플랫폼은 작은 브랜드들이 상대적으로 적은 자원으로도 전 세계 소비자에게 도달할 기회를 제공했다. 코로나19 팬데믹은 이런 흐름을 가속화했다. 소비

패턴이 온라인 중심으로 바뀌고, 클린 뷰티와 같이 성분 등에 집중하는 브랜드 철학에 주목하는 소비자들이 늘어난 것이 시너지를 불러일으켰다.

셋째는 화장품 소비자로서 MZ세대를 바라보는 시각의 차이다. MZ세대는 K-뷰티의 주요 소비층으로 부상하고 있다. 개성을 중요하게 생각하는 MZ세대는 대기업의 획일적인 제품보다 독창적이고 개인화된 제품을 선호하는 경향을 보인다. 또한 개성 있는 마케팅 캠페인에 크게 반응하는 이들은 제품의 품질뿐 아니라 브랜드의 가치관과 세계관, 윤리성, 그리고 사회적 책임에 대해서도 큰 관심을 보인다. 이러한 시장 흐름은 인디 브랜드가 주목받는 데 중요한 역할을 했다.

인디 브랜드들은 이러한 MZ세대의 특성을 반영한 제품과 소셜 미디어 캠페인에 중점을 두며 젊은 소비자들과 깊은 유대감을 형성해 큰 성공을 거두고 있다. 재활용 가능한 포장재를 도입해 '제로 웨이스트'라는 키워드를 선점한 더샘, 동물 실험을 배제하고 동물 보호를 위한 기부 활동을 꾸준히 하고 있는 어퓨가 이런 방식으로 MZ세대의 마음을 사로잡았다.

속도, 온라인, MZ세대

이경수 회장이 짚어낸 이 세 가지 차이점에 대한 설명을 들은 L사의 연구총책임자는 고개를 끄덕였다. 자신들이 그동안 구축한 고급 브랜드의 이미지와 전통적인 오프라인 유통망, 그 이미지를 소비하고 있는 계층을 소홀히 하지 않으면서도 인디 브랜드로 빠르게 옮겨가는 젊은 소비자들의 마음을 붙잡아야 한다는 사실에 공감한 듯했다.

앞으로 L사가 어떤 전략으로 젊은 층을 공략할지 알 수는 없지만, 인디 브랜드가 더욱 성장할 거라는 사실에는 의심의 여지가 없다. 속도, 온라인, MZ세대라는 세 가지 키워드는 글로벌 화장품 시장에서 앞으로도 더 선명해질 것이기 때문이다. 주지하듯이 소비자들의 요구가 날이 갈수록 빠르게 변화하면서 이에 대응하는 속도는 기업의 성패를 가르는 핵심 요인이 됐고, 오프라인에서 온라인으로의 전환은 거스를 수 없는 대세이며, 소비 특성이 이전 세대와 전혀 다른 MZ세대를 빼놓고 미래 시장 전략을 논하는 것은 난센스에 가깝다. 그들은 미래의 소비 주체이기 때문이다. 이는 코스맥스가 몇 년 전부터 인디 브랜드 고객사와의 동반 성장을 핵심 경영 전략으로 삼고 있는 이유이기도 하다.

함께 나아가다: 코스맥스 3.0

K-뷰티 인디 브랜드는 단순히 틈새시장의 경쟁자가 아니라 산업의 혁신 공급자로 자리 잡고 있다. 이들은 소비자에게 새로운 경험을 제공하는 것은 물론이고 산업 전체에 신선한 자극을 불어넣고 있다. 더 나아가 한국 화장품 산업의 글로벌 위상을 높이며 K-뷰티의 미래를 견인할 주인공이다. 이들이 있기에 K-뷰티의 미래는 지금보다 더 다채롭고 창의적일 거라고 확신할 수 있다.

'K-뷰티의 혁신은 인디 브랜드에서 시작된다'라는 말이 단순한 슬로건이 아닌 현실로 나타나고 있는 지금, K-뷰티의 새로운 챕터는 이미 펼쳐졌다.

빠를수록 아름답다!
K-뷰티의 속도 미학

2024년 뷰티 업계에서 화제가 됐던 일화가 있다. 이 극적인 이야기는 2024년 4월 360만 명의 구독자를 보유한 유튜브 채널 미스달시에 올라온 한 쇼츠 동영상으로부터 시작됐다. 흑인 뷰티 크리에이터인 달시는 '한국 파운데이션 중 가장 어두운 색'이라는 썸네일과 함께 티르티르의 '마스크 핏 레드 쿠션' 사용 후기를 올렸다. 그의 뺨에 발린 쿠션의 색이 피부색에 비해 너무 밝았다. 그는 한국에서 가장 어두운 색상의 쿠션조차 자신에게 너무 밝다며 실망감을 드러냈고, 티르티르를 향해 "나에게 연락하라"고 메시지를 남겼다.

티르티르의 쿠션은 일본에서 '국민 쿠션'이라는 별명을 얻으며 이미 큰 성공을 거둔 바 있다. 2023년에는 일본 최대의 뷰티 편집숍 앳코스메 선정 쿠션 부문 1위에 오르기도 했다. 티르티르가 까다롭기로 유명한 일본 소비자들의 마음을 빼앗은 건 탄탄한 제품력과 정확한 고객 니즈 파악 덕분이었다. 여기에는 코스맥스의 기술력이 큰 몫을 했다. 습도가 높은 기후의 특성상 화장이 잘 지워지지 않는 제품을 원하는 일본 소비자들의 요구를 반영해 72시간 유지되는 밀착력을 구현한 것이 결정적인 역할을 했다.

하지만 미스달시라는 영향력 있는 인플루언서로부터 혹평을 받으면서 티르티르는 미국 시장에서 일본에서와 같은 성공을 거두기는 어려워 보였다. 그런데 미스달시의 쇼츠가 올라온 지 채 두 달도 지나지 않아 상황은 완벽하게 역전됐다. 동영상을 본 티르티르는 20가지 색상의 쿠션 샘플을 선물했고, 미스달시는 곧바로 언박싱 영상을 올렸다. 자신의 피부색에 찰떡같이 맞는 색상의 쿠션을 바른 그가 크게 만족하는 영상은 6,300만 뷰의 조회수를 기록 중이다.

고객의 비판을 바로 수용한 티르티르의 신속하고 적극적인 대응은 괄목할 만한 성과로 이어졌다. 해당 영상이 공개된 지 한 달만인 2024년 6월 티르티르는 아마존 뷰티 카테고리에서 한국 브랜드로는 처음으로 1위에 올라섰다. 이를 계기로 티르티르는 순차적으로 쿠션 색상을 45가지로 확장했고, 2024년 8월 기준으로 누적 판매량이 1,700만 개를 넘어섰다.

고객의 신뢰는 소통만으로 쌓이진 않는다. 탄탄한 제품력이 뒷받침되어야 한다. '마스크 핏 레드 쿠션' 기획 단계부터 티르티르와 함께한 코스맥스는 두 달도 채 안 되는 짧은 시간에 미스달시에게 보낼 20가지 색상의 쿠션 샘플을 완성했다. 많아야 다섯 가지 정도인 쿠션 색상을 늘리는 건 생각처럼 쉬운 일이 아니다. 팔레트에 물감을 섞듯이 색소만 바꾼다고 해결될 일이 아니기 때문이다.

색소가 달라지면 제품의 안정성이 무너진다. 안정성이 무너지면 피부에 발랐을 때 이전 제품과 동일한 사용감을 구현할 수 없다. 하지만 티르티르가 원하는 건 기존 제품과 동일한 사용감을 구현하면서도 색을 다양화하는 것이었다. 달라진 색소에 맞춰 처방을 다시 설계해야 하기 때문에 신제품을 개발하는 정도의 시간과 노력이 필요한 작업이었다.

이번에도 역시 코스맥스의 연구진이 해냈다. 밤샘 작업도 불사한 연구원들의 피땀, 눈물로 두 달 만에 완성한 샘플을 받은 미스달시는 "오 마이 갓!"이라는 감탄사로 코스맥스 연구진의 노력에 화답했다. 이 사건을 계기로 티르티르는 일본에 이어 미국에서도 큰 반향을 일으키며 K-뷰티를 대표하는 색조 브랜드로 자리매김했다.

'마스크 핏 레드 쿠션'은 최근 MZ세대가 추구하는 가치인 다양성과 포용성을 충족시켰다는 점에서도 높은 평가를 받고 있다. 2017년 미국 팝스타 리애나^{Rihanna}는 50가지 색상의 파운데이션을 선보이며 다양성과 포용성을 뷰티 업계의 새로운 화두로 제시했다. 하지만 한국 화장품은 기능 면에서는 뛰어나지만 색상이 제한적이어서 여러 인종이 사용하기엔 한계가 있다는 지적을 받아왔다. '마스크 핏 레드 쿠션'의 성공은 티르티르의 트렌드 포착 능력과 이를 뒷받침한 코스맥스의 기술력이 합쳐진 성과였다.

혁신을 만들어내는
K-뷰티 밸류 체인의 위력

신제품을 얼마나 빨리 시장에 내놓느냐에 따라 기업의 성패가 갈리는 속도전의 시대다. 게다가 혁신성과 차별화된 경쟁력, 품질도 포기해선 안 된다. 여기에 기업 경영자의 어려움이 있다. 속도와 밀도는 좀처럼 공존하기 어려운 속성이기 때문이다. 기업 경영에서 속도를 강조할 때는 단기적인 성과를 목표로 빠른 판단과 실행이 필요하기 때문에 절차를 최소화하거나 단순화한다. 반면 밀도는 디테일과 품질에 초점을 맞추며 철저한 계획과 구조화된 프로세스를 요구한다. 속도가 중요한 상황에서는 복잡한 분석 과정이 걸림돌이 될 수 있고, 반대로 밀도가 필요한 상황에서는 빠른 행동이 품질을 떨어뜨릴 수 있다.

그러나 K-뷰티 세계에선 속도와 밀도가 공존하며 끊임없이 혁신을 만들어내고 있다. 독보적인 기술력으로 무장한 화장품 소재 개발 전문 연구 기업과 원부자재 생산 기업, 세계 최고 수준의 기술력을 자랑하는 ODM 기업, 화장품 시장에 혁신을 불어넣고 있는 브랜드, 이들을 뒷받침하는 온오프라인 유통 플랫폼으로 구성된 화장품 산업의 밸류 체인이 탄탄하게 구축된 덕분이다.

그중에서도 ODM 기업은 원부자재 조달, 용기 개발 및 제조, 내용물 개발 및 제조, 기획 및 마케팅, 유통으로 이어지는 K-뷰티 밸류 체인의 중심이라고 할 수 있다. 기존의 화장품 기업들은 소재 연구부터 제품 개발, 생산, 유통까지 전부 내부에서 진행하는 경우가 많았지만, 이제는 브랜드가 제품 기획 및 마케팅과 유통을 담당하고 기술 개발, 재료 조달, 생산은 ODM 기업이 맡는 분업 형태를 취하는 경우가 많다.

한국 화장품 밸류 체인 전체의 리드 타임을 좌우하는 핵심 단계의 생산 효율은 다른 나라에 비해 월등히 높다. 한국 ODM 기업은 제품 의뢰부터 출하까지 신규 제품의 경우 대략 3~6개월이 걸리지만 해외 ODM 기업은 6~24개월이 걸린다. 최고 수준의 기술을 갖춘 코스맥스와 같이 탄탄한 기술력의 ODM 기업이 제품 처방을 개발해 제안하면 브랜드는 선택만 하면 되는 환경이 조성됐기 때문이다. 기술 개발과 생산의 부담에서 벗어난 브랜드는 창의적인 아이디어로 소비자 트렌드에 발 빠르게 반응하며 독특한 콘셉트와 브랜딩에 집중하면 된다. 인디 브랜드의 민첩성은 K-뷰티 생태계 자체의 민첩성에서 나온다고 할 수 있다.

    ODM 기업은 K-뷰티 밸류 체인의 중심에서 단순히 제품을 생산하는 역할을 넘어 생태계 전체의 효율성과 혁신을 극대화하는 역할을 한다. 이는 반도체 산업에서 파운드리^{foundry} 기업이 설계 전문 팹리스^{fabless} 기업과 협력해 고도화된 기술 생태계를 만들어가는 모습과도 유사하다. 반도체 산업에서 파운드리 기업은 설계를 전문으로 하는 팹리스 기업이 만든 설계도를 바탕으로 반도체를 생산하는 역할을 맡는다. 팹리스 기업은 시장의 요구에 맞춘 설계와 제품 기획에 집중할 수 있고, 파운드리 기업은 최첨단 생산 기술과 설비를 활용해 고성능 반도체를 제조한다. 이 분업 모델은 반도체 산업의 혁신 속도를 높이는 핵심 요인이다.

마찬가지로 화장품 산업에서 ODM 기업은 혁신적인 기술과 안정적인 생산 능력을 기반으로 브랜드의 아이디어가 시장에 빠르게 출시될 수 있도록 지원하는 핵심 파트너로서 K-뷰티 생태계의 창조적 에너지를 만들어내는 원동력이다.

'빨리빨리' 문화에서 비롯된 한국 소비자들의 특성 또한 인디 브랜드의 성장을 뒷받침하는 핵심 요인 가운데 하나다. 한국은 사계절이 뚜렷한 나라이기 때문에 고객사는 3개월마다 신제품을 받아보고 싶어 한다. 계절마다 달라지는 피부 상태에 맞춰 소비자들이 달라진 제품을 원하기 때문이다. 이런 환경 덕분에 한국의 ODM 기업은 빠른 속도로 제품을 개발할 수 있는 우수한 연구개발 시스템을 구축했고, 다른 나라보다 빠르게 혁신이나 새로운 제품을 제공하는 것에 익숙하다. 그 결과 한국은 글로벌 화장품 ODM 빅3 기업 중 2개 기업을 보유하고 있다.

어제의 룰이 오늘은 통하지 않는 속도의 시대다. 그리고 새로운 룰이 이전의 룰을 깨는 기간은 점점 더 짧아지고 있다. 결국 남보다 빠르게 변화를 이끌어가는 기업만이 시장에서 생존할 수 있다. 오늘날 K-뷰티 인디 브랜드가 세계를 선도하는 이유는 혁신을 가장 빠르게 주도할 수 있는 시스템을 갖추었기 때문이다. 마찬가지로 코스맥스가 글로벌 1위 ODM 기업의 자리를 지키고 있는 것 또한 가장 빠르게 기술과 트렌드를 선도할 수 있는 시스템을 갖추었기 때문이다.

"스피드가 생명이고, 글로벌이 생존이고, 소비자는 혁명이다. 스피드 있게 태어나야 태어나는 가치가 있고, 글로벌로 가야 살아남아 성장할 수 있고, 소비자가 주도하는 시장에 적응해야 제품으로 평가를 받을 수 있다."

이경수 회장이 늘상 강조하는 내용이다.

인디 브랜드 뒤의
숨은 주인공

코스맥스를 통해 제품을 개발·생산 중인 인디 브랜드 고객사는 2024년 기준 전 세계 1,000여 개, 그중 연매출 1,000억 원 이상의 고객사는 24개에 이른다. 인디 브랜드를 지원하기 위한 온라인 기업 전담팀을 따로 두고 온라인과 모바일 유통에 효과적인 신규 브랜드를 발굴해 지원해 온 코스맥스는 인디 브랜드 강세에 맞춰 경영 키워드 중 하나를 '인디 브랜드와 동반 성장'으로 설정하고 집중 육성책을 시행하고 있다. 규모와 조직, 의사결정 구조가 기존 기업과는 전혀 다른 인디 브랜드에 맞춤형 서비스를 제공하기 위해서다.

대표적인 정책이 최소주문수량의 유연화다. ODM 기업은 대량 생산을 기반으로 수익성을 높이는 구조를 선호하지만, 인디 브랜드는 한정된 자금과 다양한 제품을 시도하려는 특성상 낮은 최소주문수량이 절실하다. 인디 브랜드의 이런 사정을 익히 아는 코스맥스는 3,000개 이하 주문에 대해서도 고객사의 여건에 따라 최소주문수량을 유연하게 적용해 생산하고 있다. 최소주문수량 축소에도 빠른 생산 대응과 생산력 유지를 위해 공장 내 자동화 설비 도입과 함께 소량 생산할 수 있는 단위 사업장을 확대했다. 2023년 말 기준 코스맥스의 로봇 보유량은 전년 대비 2배로 늘어났다.

지금은 국내 화장품 생산 10위인(2023년 기준) 스타일난다도 화장품 사업 초기에 코스맥스에서 제품 1,000개를 생산한 바 있다. 수익성만 생각했다면 절대 하지 않았을 결정이었겠지만, 코스맥스는 스타일난다라는 브랜드의 독창성과 혁신성, 화장품 시장을 바라보는 김소희 대표의 탁월한 감각을 간파해 초기부터 파트너로 함께해 왔다. 그리고 그 판단은 코스맥스가 '인디 브랜드의 후원자'라는 이름을 얻는 데 중요한 역할을 했다.

잘 알려져 있듯 스타일난다는 2004년 설립 당시 패션 온라인 쇼핑몰로 출발한 브랜드다. 개성 넘치는 디자인과 젊은 층을 겨냥한 감각적인 스타일링으로 단숨에 인기를 얻으며 국내 패션 시장에서 입지를 다졌다. 스타일난다는 여기서 멈추지 않고 2009년 뷰티 브랜드 '3CE'를 론칭하며 화장품 시장에 출사표를 던졌다. 독창적이고 과감한 컬러 스토리, 독특한 텍스처와 패키지를 강조한 제품군은 젊은 소비자들에게 강렬한 인상을 남겼다. 인스타그램에 인생샷을 남기고자 하는 MZ세대의 심리를 정확히 겨냥한 전략이었다.

김소희 대표는 떠오르는 중국 색조 화장품 시장에 글로벌 큰손들보다 먼저 주목해 다양한 색깔의 제품을 선보이기 시작했다. 중국의 온라인 마케팅을 주도하는 왕홍과 적극적으로 손잡고 제품을 홍보해 색조 브랜드로 입소문이 나며 큰 성공을 거뒀다. 2018년 로레알이 스타일난다를 인수할 당시 화장품과 패션의 매출 비중은 각각 69%와 27%로, 화장품 부문이 패션 부문보다 2.5배나 높았다.

스타일난다는 까다롭지만 매력적인 파트너였다. 특히 자신들이 원하는 색과 패키지를 완벽하게 구현할 때까지 절대 타협하지 않는 프로페셔널함이 지금의 스타일난다를 만들었다고 해도 과언이 아니다. 완제품을 생산하고서도 완벽한 색상이 구현되지 않아 다시 생산해야 했던 곤란한 순간도 있었고, 유독 난도가 높았던 스타일난다의 패키지 생산 요청에 부자재 기업들이 포기 의사를 내비치기도 했다. 이렇게 해서 스타일난다만의 톤 다운된 핑크, 말린 장미 컬러, 오렌지레드, 네온핑크와 같은 개성 넘치는 립스틱이 잇달아 선풍적인 인기를 끌었고, 품절 대란을 일으킨 사각 프레임의 립스틱, 하트 모양 패키지에 담긴 립밤이 탄생했다.

ODM 기업이 최소주문수량을 낮춰주면 인디 브랜드는 생산 부담을 최소화하면서 창의적인 아이디어를 빠르게 적용할 수 있고, 시장의 반응을 살피면서 그에 맞는 제품 개선을 통해 시장 확장을 꾀할 수 있다. 인디 브랜드의 실험적인 시도는 시장 경쟁을 더욱 활발하게 만들고, 독창적인 제품이 소비자의 선택지를 넓혀 K-뷰티의 글로벌 경쟁력 강화를 이끌어낸다. 이런 브랜드의 성공 사례가 다수 출현하면 인디 브랜드의 혁신 파트너로서 ODM 기업의 경쟁력은 더 높아진다. 이것이 코스맥스가 최소주문수량을 과감하게 낮추며 인디 브랜드의 성장을 뒷받침한 이유다.

빠르게, 유연하게, 인디 브랜드와 함께

그렇다면 매출 3조 원의 중견기업인 코스맥스는 어떻게 속도감 있는 경영 혁신을 이어가며 인디 브랜드가 가장 믿고 선호하는 파트너가 될 수 있었을까.

"속도 전쟁의 시대, 세상은 당신의 정체, 과거 전적에는 관심이 없다. 언제 어디서든 당신을 노린다. 멍하니 앉아 있다가 속수무책으로 당하지 마라. 판세를 읽어라, 빈틈을 발견하고 패턴을 분석한 다음, 즉시 행동하라."

나이키의 스테판 올랜더Stefan Olander 부사장과 세계적인 디지털 에이전시 AKQA의 회장 아자즈 아메드Ajaz Ahmed가 그들의 저서인《벨로시티》에서 한 말이다. 변화의 물결이 세상을 뒤덮고 있는 오늘날 기업이 마지막까지 살아남는 방법은 결국 '속도'임을 강조한 말이다.

오늘날 모든 기업의 경영자는 자신이 경쟁사보다 한발 늦은 원인을 찾고 비책을 마련하느라 골몰하고 있다. 특히 규모가 큰 제조 기업이 민첩하게 움직이는 스타트업의 속도를 이겨내기는 쉽지 않다. 이러한 사실을 잘 알고 있는 코스맥스는 설립 이후 줄곧 속도감 있는 경영을 펼치기 위해 끊임없이 고민하며 방법을 찾아왔고, 2002년부터는 '스피드와 유연성'을 슬로건으로 내세워 고객의 요구에 더 빠르게 대응하기 위해 노력해 왔다.

속도를 고민하는 건 글로벌 거대 기업들도 마찬가지다. GE의 제프리 이멜트Jeffrey Immelt 회장은 속도가 떨어지는 문제점을 개선하기 위해 실리콘밸리 벤처기업가 에릭 리스Eric Ries의 저서 《린 스타트업》에서 영감을 받아 '패스트 웍스Fast Works'라는 GE식 속도 경영 방식을 채택했다. 《린 스타트업》에서 리스는 창업 초기 기업들은 자원이 제한된 상황에서 불필요한 활동을 최소화하고 다양한 경험을 통해 학습을 거듭하며 재빠르게 사업 모델을 바꿔나가야 성공 확률이 높다고 설명하면서, 그것이 도요타의 '린 경영'과 일맥상통한다고 주장했다.

린 경영 방식이라 불리는 도요타식 혁신은 속도와 유연성을 강조한다. 고객 가치를 창출하는 데 도움이 되지 않는 일체의 활동을 낭비로 규정하고 이를 철저하게 줄여나가는 것이 핵심이다. 도요타의 린 경영을 자신만의 스타일로 변주해 스타트업식 혁신과 효율성을 추구한 GE의 선도적인 시도는 많은 대기업이 참고하는 혁신 모델이 됐다.

명확한 역할과 권한 위임, 조직 구조 단순화, 신속한 의사결정 구조를 골자로 하는 스피드 경영은 디지털 대전환의 시대에 '애자일^{agile} 경영'이라는 이름으로 진화했다. 구글, 마이크로소프트와 같은 빅테크 기업들은 단위 조직별로 자율성과 업무 수행 방식에 전적인 권한을 부여함으로써 변화에 민첩하고 유연하게 대응하고 있다.

린 경영, 애자일 경영이 유행하기 전부터 이미 스피드 경영 그 자체였던 기업이 바로 코스맥스다. 코스맥스는 '빠른 대응'에 강박적으로 집착해 왔다. 어떻게 하면 의사결정 속도를 높이고 회의 보고 시간을 단축할 수 있을지에 골몰했다.

코스맥스와 같은 중견기업에선 아래로부터 차근차근 밟아 올라오는 결재 과정으로는 고객의 요구에 스피디하게 대응할 수 없다. 이를 위해 코스맥스에선 중간 과정을 과감하게 생략한 전략회의 제도를 두고 있다. 실무진과 CEO가 중간 단계를 거치지 않고 바로 보고하고 논의한다. 보고 형식도 중요하게 생각하지 않는다. 파워포인트로 작성하든 워드로 작성하든 종이에 손으로 쓰든 그것은 작성자 개인에게 맡긴다. 별도로 맞춰야 할 보고서 양식도 존재하지 않는다. 형식보다 그 안에 담긴 핵심적인 의사결정 요소나 내용이 중요하다고 생각하기 때문이다.

회장실에서 직원들이 이경수 회장과 독대하는 풍경은 코스맥스에선 전혀 놀랄 일이 아니다.

"작년에 A사의 실적이 소폭 떨어졌다고 하던데, 상황이 어 떤가요?"

이경수 회장의 질문에 A사 담당 대리는 매출액과 전년 대비 매출 증감, 유통 채널별 매출 증감 추이를 막힘없이 읊는다. 손에는 그 흔한 보고서 한 장 들려 있지 않다. 이어지는 이경수 회장의 질문에 답하기 위해 간혹 손에 쥐고 있는 휴대전화를 열어볼 뿐이다.

"올해는 실적을 만회하도록 힘써줘야겠어요."

"네, 아무래도 홈쇼핑 채널의 매출 부진이 큰 요인인 것 같습니다. A사 쪽 담당자와 협의해서 구체적인 전략을 재설정할 계획입니다."

이경수 회장을 바로 앞에서 마주하고 있는 30대 초반의 대리는 긴장한 기색도 없이 술술 자신의 의견을 말한다. 만약 음소거를 한 채로 이 장면을 누군가 옆에서 지켜봤다면, 할아버지의 회사에 찾아와 휴대전화에 담긴 자신의 여자친구 사진을 보여주는 손자쯤으로 여겼을 만한 풍경이다. 이 장면엔 코스맥스가 속도에 집착하는 이유가 그대로 담겨 있다.

코스맥스는 창립 이후 고객 중심 의사결정 조직으로 끊임없이 개편해 왔다. 모든 의사결정 과정에서 고객이라는 렌즈로 문제를 바라보기 위해서다. 이는 단순히 고객을 상대하는 부서에만 적용된 개념이 아니다. 모든 부서가 '고객의 성공이 곧 코스맥스의 성공'이라는 핵심 가치를 공유하고 있기 때문에 고객 중심으로 사고하고, 고객의 요구와 문제를 해결하는 데 초점을 맞춘다. 조직과 프로세스를 단순화하고, 낭비를 최소화하며, 신속한 의사결정을 위해 수시로 조직을 개편하는 변화의 중심에는 '고객 만족'이라는 대전제가 있다.

이런 대전제를 기반으로 코스맥스는 제품 출시까지의 시간을 꾸준히 단축해 왔다. ODM 기업과 브랜드의 제품 수주 계약이 완료되고 제품의 콘셉트가 결정되면, 고객이 원하는 사양의 제품을 샘플로 제공하면서 본격적인 연구개발 프로젝트가 시작된다. 그런데 고객사가 첫 샘플에 만족하는 경우는 극히 드물다. '조금 더 묽은 제형으로', '더 화사한 색상으로'와 같은 요구가 나오기 마련이다. 이런 과정을 여러 차례 반복한 후에야 비로소 제품 생산에 들어갈 수 있다. 그러니 이 과정을 줄이는 작업이 곧 제품 출시 기간을 단축하는 일이다.

코스맥스는 '한발 더 빨리 움직인다'는 철칙으로 이 과정을 차츰차츰 줄였다. 고객사가 샘플을 요구한 날짜보다 먼저 고객사를 방문해 담당자와 상의한다. 이렇게 하면 고객사에서 새로운 요구를 해도 샘플을 제공하는 납기를 맞출 수 있다. 고객사의 의사결정 과정을 돕기 위해 다양한 샘플을 준비하는 것도 속도를 높이는 코스맥스만의 방식이다.

코스맥스는 시스템의 혁신을 통해서도 속도를 높여나가고 있다. 고객사의 개발 프로세스와 코스맥스의 개발 프로세스를 연동하는 것이다. 고객사의 개발 기준과 코스맥스의 개발 기준의 차이를 비교해 그 기준을 서로 맞추면 제품 개발 과정에서 시너지를 창출할 수 있다.

최근에는 혁신 제품 전시 공간인 '이노베이션 라이브러리'를 오픈해 연구원과 상품기획자 간의 융합 연구를 촉진하고 있다.

코스맥스 이노베이션 라이브러리

연구소 내 1,000여 종의 이노베이션 인벤토리 제품을 한데 모은 오프라인 공간을 구축해 이를 온라인 시스템과 연계한 점이 특징이다. 샘플에 부착된 QR코드를 스캔하면 제형의 특징 등을 포함한 기술 설명 자료를 확인할 수 있다. 이를 통해 코스맥스는 신규 제품 제안을 위해 매번 샘플을 개발하던 프로세스를 획기적으로 단축해 업무 효율성을 높이고 고객사 편의성을 높여나가고 있다.

품평 과정을 거치고 나면 이제 양산 과정이 남는다. 과거에는 코스맥스로부터 제품 샘플을 받은 글로벌 화장품 회사가 그 제품을 소비자들에게 소개하기까지 2년에서 3년이 걸렸다. 제품이 개발됐다고 해서 일이 끝나는 것이 아니다. 오히려 그때부터 더 복잡하고 지난한 과정이 펼쳐진다. 개발한 처방의 안전성을 확보하기 위해 피부 자극 실험을 해야 하고, 배합된 원료들이 안정성을 유지하는지 확인해야 하며, 용기와 내용물의 반응을 살펴보는 등 고객사와 여러 차례 논의를 거쳐야 하기 때문이다. 이렇게 시간이 오래 걸리는 것은 프로세스 자체가 번거롭고 까다로운 이유도 있지만, 그보다는 고객사의 실험 방법과 절차가 코스맥스와 다른 것이 더 큰 이유다. 같은 실험을 했는데도 측정 기기가 다르면 같은 결과를 서로 다르게 해석하니 이를 조정하는 데 시간이 걸릴 수밖에 없다.

이 기간은 점점 단축되어 현재는 12개월, 짧게는 3~6개월 만에 끝나기도 한다. 코스맥스가 브랜드를 대신해 자체적으로 모든 테스트를 완료하기 때문이다. 고객사가 제품 샘플을 받을 때쯤이면 이미 테스트 절차가 끝나 있다. 코스맥스의 실험 결과를 전적으로 신뢰하는 고객사는 신제품의 마케팅 활동에만 매진하면 된다.

전 세계적으로 화장품에 대한 규제는 날이 갈수록 더 엄격해지고 있다. 더욱이 나라별로 규제와 요건이 제각각이어서 화장품 연구개발 기업으로선 난도가 급격히 높아졌다. 한국 식약처도 2028년부터 화장품 원료 안전성 평가 제도를 도입한다고 밝혔다. 국내 화장품의 주요 수출국인 중국이 화장품 원료 안전성 평가 제도를 구체화하여 수출 장벽을 높이려는 움직임에 대한 대응책이다.

하지만 정작 국내 소비자들은 이 제도가 무엇인지, 왜 필요한지 이해하는 사람이 거의 없다. 글로벌 화장품 기업과 프로젝트를 진행하며 유럽, 미국과 같이 화장품 규제가 강력한 나라에 제품을 출시해야 했던 코스맥스는 누구보다도 먼저 강화되는 규제에 대한 대응력의 필요성을 깨달았다. 이를 위해 독성 전문가를 채용하고 해외 교육 파견 및 전문가 초청 등을 통해 2021년부터 자체적인 원료 안전성 평가 조직을 구축했다.

고객들이 ODM 기업에 요구하는 것은 끊임없는 창의성과 혁신이다. 이러한 고객의 요구에 대응하기 위한 코스맥스의 혁신은 세 가지 방향으로 작동한다. 첫 번째는 유연성을 높이는 것이다. 고객이 요구하는 것보다 더 넓게 생각하고 고객의 까다로운 요구도 거부하지 않는 마음이 유연성이다. 두 번째는 스피드로 고객이 요구하는 것보다 더 빨리 움직이는 것이다. 세 번째는 차별성이다. 창의성을 바탕으로 다른 회사가 흉내 낼 수 없는 혁신적 제품을 내놓는 것이 코스맥스의 역할이다.

브랜드와 ODM 기업의 협력은 단순한 제조 파트너십을 넘어 서로의 성장과 발전을 돕는 상생 모델이다. 브랜드는 빠르게 변화하는 시장에서 민첩하게 대응할 수 있는 능력을 발휘하고, ODM 기업은 이를 위한 유연하고 효율적인 생산 시스템을 제공한다. 두 주체가 긴밀히 협력할 때 K-뷰티 브랜드는 더욱 강력한 경쟁력을 갖추게 되며, 글로벌 시장에서 차별화된 가치를 전달할 수 있다.

히트작 탄생의
비밀

 코스맥스가 화장품 브랜드로부터 전적으로 신뢰를 얻으며 글로벌 화장품 ODM 1위 기업으로 성장할 수 있었던 데는 여러 이유가 있을 것이다. 화장품 시장의 흐름을 누구보다 빠르게 포착해 언제나 그 중심에 먼저 가서 고객을 기다렸고, 그 과정에서 닥친 어려움을 오히려 기회로 만들어 성장했다. 언제나 고객을 우선해 준비한 결과라고 할 수 있다. 이 모든 것은 세계 최고 수준을 자랑하는 R&I센터가 있기에 가능한 일이었다.
 2011년 판교에 둥지를 튼 R&I센터는 K-뷰티 열풍의 숨은 주역인 코스맥스의 심장부나 다름없다. 판교를 비롯해 전 세계 7곳의 R&I센터를 움직이는 약 1,100명의 연구원은 글로벌 뷰티의 새로운 트렌드를 만들어나가는 주인공이다. 이들이 1년에 개발하는 신제품만 해도 3만 6,000개가 훌쩍 넘는다. 하루에 100개에 가까운 신제품이 탄생하는 셈이다.

코스맥스 R&I센터에서 이토록 신제품이 빠르게 개발되는 비결은 무엇일까? 인디 브랜드의 빛나는 히트작들이 코스맥스 R&I센터에서 쏟아지는 이유는 무엇일까?

혁신적인 제품을 빠르게 개발하는 코스맥스만의 특별한 비결 같은 건 없다. 단지 소비자들이 무엇을 원하는지 빠르게 포착하고, 하루라도 빨리 연구를 시작하는 수밖에 없다. 그러려면 미리 준비해야 한다. 제품 출시 기간을 단축하는 가장 좋은 방법은 브랜드가 코스맥스에 제품 개발을 요청하기 이전에 기술을 완성해 놓는 것이다. 브랜드는 백화점에서 물건을 고르듯 자신이 원하는 기술이나 처방을 고른 후 마케팅과 홍보에 전념하기만 하면 된다.

코스맥스 R&I센터

가장 좋은 예가 더마코스메틱 브랜드인 닥터자르트의 '바이탈 하이드라 솔루션 바이옴' 라인이다. 2019년에 출시된 이 제품에는 당시 뷰티 업계에서 급부상한 마이크로바이옴^{microbiome}• 기술이 적용됐다. 마이크로바이옴 기술은 피부 표면에 존재하는 유익균의 균형을 유지하거나 강화해 건강한 피부 상태를 지원하는 첨단 기술이다.

코스맥스는 2011년부터 미생물이 사람의 피부에서 다양한 역할을 할 것으로 예측하고 항노화와 관련된 미생물을 찾기 위해 연구를 진행했다. 오랜 연구 끝에 코드명 'Strain CX' 계열 상재균$^{resident\ flora}$, 즉 인체에 항상 존재하는 비병원성 미생물이 나이가 듦에 따라 피부에서 점차 사라지면서 피부 노화에 직접적인 영향을 준다는 사실을 세계 최초로 밝혀냈다. 이 연구 결과를 활용해 코스맥스 연구진은 기존의 안티에이징 화장품과는 차원이 다른, 세포 노화 메커니즘에 기반한 항노화 화장품을 개발했다.

•
스킨마이크로바이옴 (Skin-Microbiome)
인간 피부에 공존하는 미생물 군집과 유전체를 의미하며 피부 건강과 면역 기능에 영향을 주는 요소로, 최근 화장품에서 피부 마이크로바이옴 균형 유지를 위한 제품이 각광받고 있다. 좋은 균은 보호하고, 유해균은 억제하는 것이 핵심.

이 제품은 단순한 미용 효과뿐 아니라 피부 건강을 근본적으로 개선하는 직접적인 효능을 가진 제품을 찾고 있던 닥터자르트의 요구와 딱 맞아떨어졌다. 코스맥스가 8년간 준비했던 마이크로바이옴 기술을 가장 먼저 제품으로 상용화한 닥터자르트는 '예술과 만난 의사 Doctor Join Art'라는 뜻을 가진 자신의 이름에 걸맞게 과학적이고 전문적인 브랜드로 자리매김하며 소비자들에게 긍정적인 이미지를 심어주는 데 성공했다. 이것이 중국 시장 진출을 노리던 에스티로더가 닥터자르트를 고액에 인수하는 데 결정적인 역할을 했다.

가장 최근의 사례로는 한국은 물론이고 일본 소비자들의 마음을 사로잡은 비나우의 색조 브랜드 퓌가 선보인 립앤치크 '푸딩팟 Pudding Pot•'도 빼놓을 수 없다. 이름처럼 말랑하고 푹신한 젤리 같은 독특한 제형으로 시선을 끈 이 제품은 내추럴 블러셔의 끝판왕으로 입소문이 자자하다. "질감이 정말 부드러워서 블러링 효과가 엄청나요", "입술에 바르면 부드러워지는데, 얘가 안 굳어요!" 독특한 질감과 높은 발색력, 여기에 지속력까

• 푸딩처럼 탱글탱글한 텍스처를 가진 멀티 립앤치크 제형. 제형이 흔들리지 않으면서도 부드럽고 탄성이 있어 피부에 쉽게 밀착된다. 시각적·촉각적으로 재미있는 사용감을 제공하며, 젤과 크림 중간 성격을 가진다.

코스맥스의 다양하고 혁신적인 기술들

AQUA-ETA™
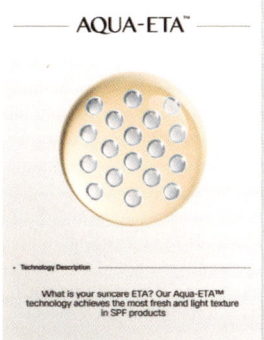
- Technology Description

What is your suncare ETA? Our Aqua-ETA™ technology achieves the most fresh and light texture in SPF products

CoreMella™
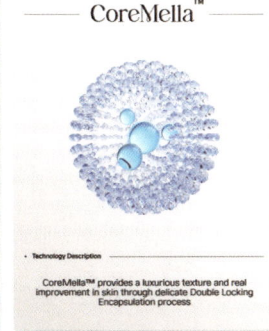
- Technology Description

CoreMella™ provides a luxurious texture and real improvement in skin through delicate Double Locking Encapsulation process

Core Drop™
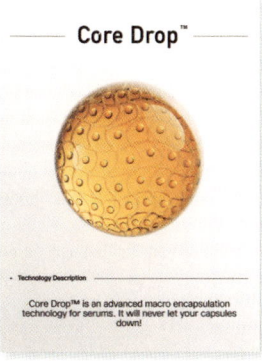
- Technology Description

Core Drop™ is an advanced macro encapsulation technology for serums. It will never let your capsules down!

ink-CRÈME™
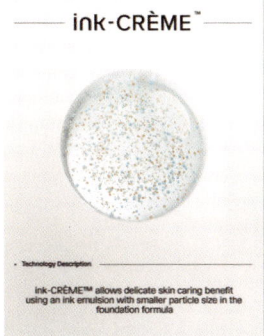
- Technology Description

ink-CRÈME™ allows delicate skin caring benefit using an ink emulsion with smaller particle size in the foundation formula

hipdewy™

- Technology Description

Hipdewy™ delicately achievesg both glossiness and pleasant wearability in an emulsion lip tint

DewRise™
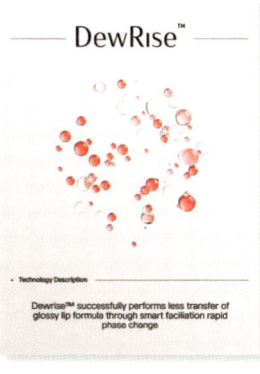
- Technology Description

Dewrise™ successfully performs less transfer of glossy lip formula through smart faciliation rapid phase change

Untopinol™

- Technology Description

The world's first problematic skin microbiome solution after 7 years of study by 18 experts from Harvard, MIT, and Manchester

Dr.TASER
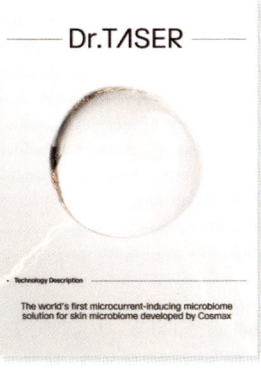
- Technology Description

The world's first microcurrent-inducing microbiome solution for skin microbiome developed by Cosmax

지 갖춘 푸딩팟은 개성을 중시하는 한국과 일본의 젊은 소비자들이 앞다퉈 SNS에 올리고 싶어 하는 일명 인스타그래머블 제품으로 인기를 끌고 있다. 출시되자마자 2024년 8월 일본 앳코스메에서 색조 부분 16위를 기록했고, 이런 성과를 바탕으로 비나우는 2024년 이 제품으로만 90억 원의 매출을 올리며 가파른 성장세를 구가했다. 코스맥스 제형연구소가 푸딩 형태의 멀티 유스 포인트 메이크업 제품으로 이미 개발해 놓았던 제품이 독특한 제형을 찾던 젊은 브랜드 비나우라는 주인을 만난 덕분이다.

숨 쉬듯이
혁신하라

유럽과 아시아 시장에서 '한국 피부과학의 혁신'이라 불리는 동국제약의 '마데카 크림'도 비슷한 과정을 거쳐 탄생했다. 브랜드 센텔리안24 론칭과 함께 출시된 이 제품은 마데카솔이라는 상처 치료제에서 착안해 피부 재생과 진정을 위한 스킨케어 제품으로 개발됐다. 기존 마데카솔의 주요 성분인 센텔라 아시아티카$^{Centella\ asiatica}$, 즉 병풀 추출물을 활용해 제약 기술과 뷰티 기술의 융합으로 탄생한 제품이다.

상처를 입은 호랑이가 병풀이 많은 곳에서 뒹굴어 치료했다고 하여 호랑이풀이라고도 불리는 병풀의 잎과 줄기에 함유된 여러 성분은 상처 치유뿐 아니라 잔주름 예방, 혈액순환 촉진 등에 뛰어난 효과를 보인다. 이런 성분들을 정량화해 일정 비율로 추출한 테카^{TECA}를 함유한 마데카 크림은 제약사가 만든 제품이라는 신뢰성을 기반으로 민감성 피부와 피부 장벽 개선을 원하는 소비자들로부터 선풍적인 인기를 얻으며 출시 이후 꾸준히 사랑받고 있다.

이 제품도 코스맥스 연구소에서 탄생했다. 마데카솔에 사용된 테카 성분처럼 의약품에 사용되는 성분 중에는 피부 개선에 강력한 효능을 발휘하는 것들이 상당히 많다. 멜라닌 합성을 억제해 피부 미백과 기미, 주근깨 개선에 효과적인 히드로퀴논^{hydroquinone}, 주름 개선과 피부 재생에 효과적인 트레티노인^{tretinoin}, 강력한 피부 진정 효과를 발휘하는 아줄렌^{azulen}이 대표적이다.

이런 성분을 화장품에 사용하면 효과 만점이겠지만, 아쉽게도 커다란 제약이 따른다. 피부에 유익한 효능을 가진 성분 중 일부는 의약품으로만 사용이 허가되거나 화장품에 사용하더라도 함유량에 제한을 두는 경우가 많기 때문이다. 성분의 효과가 워낙 강력해서 치료 용도로만 안전하게 사용될 수 있도록 하기 위한 조치로, 한국 식품의약품안전처MFDS나 미국 식품의약국FDA 등 각국 규제기관은 의약품과 화장품에 사용할 수 있는 성분을 명확히 구분해 관리한다.

사정이 이러니 좋은 효능의 성분을 경쟁사보다 먼저 찾아내서 제품으로 만들어야 하는 화장품 연구자들은 의약품 성분과 유사한 효능을 가진 대안 성분을 발견하는 데 사활을 걸 수밖에 없다. 주름 개선에 효과가 있는 레티놀(비타민 A 유도체)이 가장 좋은 예다. 레티놀은 의약품에 사용할 수 있는 트레티노인보다 주름 기능 개선 효과는 약하지만 화장품에 사용할 수 있는 성분이다. 아모레퍼시픽이 지난 1997년에 세계 최초로 레티놀 안정화에 성공해 주름 개선 기능성 허가를 받은 '레티놀 2500'을 출시한 이후 레티놀은 주름 개선 성분의 대명사로 자리매김했다.

마데카솔의 주요 성분인 테카를 화장품에 사용할 수 있음을 발견한 것은 코스맥스의 한 연구원이다. 박사 논문을 준비하던 그는 의약품에 사용되는 피부 재생 성분 중 화장품에 사용할 수 있는 것들을 찾다가 테카라는 성분에 주목했다. 화장품에 사용할 수 있긴 하지만 해결해야 할 문제는 여전히 남아 있었다. 가장 큰 문제는 테카가 물이나 오일에 잘 녹지 않는 난

용성이라는 점이었다. 수많은 시행착오 끝에 코스맥스 연구진은 테카를 녹일 수 있는 배합 성분을 찾아내 피부 탄력을 높이는 크림 제형으로 완성하는 데 성공했다.

정작 놀라운 일은 그다음에 벌어졌다. 기술 개발을 완료하고 얼마 지나지 않아 마치 정보를 듣기라도 한 듯 동국제약에서 코스맥스에 연구 의뢰를 해온 것이다. 마데카솔의 피부 재생 성분을 이용해 화장품 사업에 진출해 보고 싶다며 개발 가능성 여부를 타진해 왔다. 테카 성분 화장품의 주인으로 동국제약보다 더 나은 브랜드가 또 있을까?

동국제약과 파트너십을 맺은 후 마데카 크림이 출시되기까지 3개월이면 충분했던 이유가 바로 여기에 있다. 마데카 크림은 출시되고 바로 선풍적인 인기를 끌며 히트 상품 자리에 올랐고, 제약 기업인 동국제약을 일약 K-뷰티 스타 기업의 자리에 올려놓았다. 2015년 출시 이후 소비자들로부터 꾸준히 호응을 얻어 스테디셀러가 된 마데카 크림은 2024년 9월 기준으로 누적 판매량 6,000만 개를 돌파했다. 동국제약의 성공은 이후 제약사가 뷰티 산업에 진출하는 기폭제가 됐고, K-뷰티의 판은 더욱 다채롭고 풍성해졌다.

경계를 허문 개방과 상생, 그리고 연결

    마치 자판기처럼, 코스맥스라는 버튼을 누르면 신기술이 바로 나오는 것처럼 생각될지도 모르겠다. 하지만 히트작을 쏟아내는 코스맥스만의 기술력이 하루아침에 만들어진 것은 아니다. 전적으로 연구개발을 향한 30여 년의 집념이 만들어낸 결과물이다. 창업 초기 일본 제휴사와 결별하는 위기를 딛고 연구개발에 대한 열정으로 독자적인 연구 조직을 갖춰나간 이경수 회장은 매년 매출액의 5% 이상을 연구개발에 투자했다. 2011년에는 연구소와 마케팅 부문을 포함한 본사 기능을 판교로 이전해 우수 인재를 확보할 수 있는 근간을 마련했다. 현재 20~30대의 젊고 능력 있는 연구원들이 코스맥스 R&I센터의 든든한 허리 역할을 맡고 있다.

"처음 가는 길은 새길을 열고, 알고 있는 길은 먼저 가서 제압해야 합니다. 기존 제품에서 작은 향상을 이루는 혁신이 아니라 기존의 관념을 깨는 혁신이어야 합니다."

2017년 새해 첫 출근날 신년회에서 이경수 회장은 비장한 각오로 임직원들에게 혁신을 주문하며 '선제하자, 연결하자, 집중하자'라는 새로운 슬로건을 발표했다. 시장을 '선제'하기 위해 스피드와 유연성을 강화해 경쟁사보다 한 박자 빠르게 신시장을 개척하고, 관계사·협력사·학계와의 전방위적인 '연결'을 통해 새로운 혁신을 창출하며, 선택과 '집중'을 위한 조직 혁신을 단행해 고객에게 최고의 가치를 전달하자는 것이 핵심 내용이다.

2017년의 '선제하자'라는 슬로건은 2018년에는 '글로벌은 앞마당이다'로 발전한다. 집에서 앞마당에 나서는 것처럼 쉽게 해외로 나가고 글로벌 회사들이 우리 집 앞마당, 코스맥스에서 놀게 하자는 것이다.

이 시기 코스맥스는 '융합'을 키워드로 하는 4차 산업혁명의 흐름에 맞춰 기존 3개 연구소를 10여 개의 랩[Lab]으로 개편하는 R&I센터 조직 개편을 단행했다. 스킨케어 연구 부문과 색조 연구 부문으로 나뉘었던 조직의 경계를 무너뜨리는 새로운 시도였다. 가령 페이스 크림과 파운데이션, 에센스와 립글로스, 선크림과 파운데이션 등 전혀 어울릴 것 같지 않은 기초화장품과 색조화장품을 하나의 랩 형태로 묶어 서로 정보와 연구 결과를 공유할 수 있게 했다. 파티션을 없애고 언제든 안건이 생길 때마다 수시로 회의할 수 있도록 연구소의 레이아웃에도 변화를 줬다.

물과 기름 같은 기초화장품 부문과 색조화장품 부문 연구원들을 화학적으로 결합하는 것은 쉬운 일이 아니었다. 당연한 이야기겠지만 두 부문의 전문 지식에는 차이가 있기 때문이다. 예를 들어 기초화장품 부문에서는 색조화장품에 사용되는 색소를 많이 사용하지 않기 때문에 색상의 변조나 편차에 대한 지식이 부족하고, 반대로 색조화장품 부문에서는 수분을 효과적으로 잡아주기 위한 지식이 부족하다. 자신의 연구 성과를 개방하지 않는 연구소 특유의 문화도 걸림돌이었다.

조직 개편 후 시간이 지나면서 연구소 조직은 숨기는 문화에서 개방된 문화로 서서히 변모했다. '내가 개발한 것은 내 것'이라는 연구소 특유의 폐쇄성이 사라지면서 CC크림, 톤업크림, 립틴트, 멀티밤, 미백 블러셔와 같은 혁신적인 제품이 탄생했다. 가장 대표적인 제품이 바로 쿠션 파운데이션이다. 지금까지 코스맥스에서 생산된 쿠션은 8억 개가 넘는다. 지금 이 순간에도 코스맥스 공장에서 생산된 쿠션이 로레알, 시세이도,

코스맥스 경영 키워드의 진화

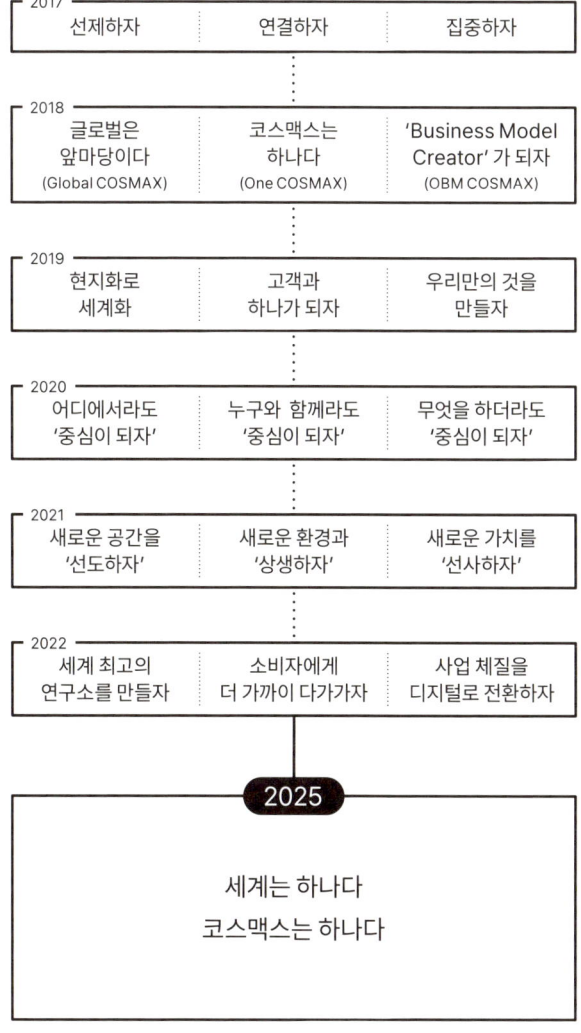

라메르$^{\text{La Mer}}$, LVMH와 같은 글로벌 명품 브랜드는 물론 국내 주요 브랜드로 실려 나가고 있다.

이런 선제적인 대응은 코스맥스가 최근 뷰티 업계에서 확산하고 있는 '스킨케어링 메이크업'이라는 트렌드의 선봉에 설 수 있도록 했다. 스킨케어링 메이크업은 스킨케어와 메이크업의 경계를 허물며 피부를 건강하게 가꾸는 동시에 자연스러운 아름다움을 강조하는 화장법을 말한다. 피부 결점을 보완하는 메이크업은 예전엔 피부에 독이 된다고 알려져 있었다. 오랜 시간 짙은 메이크업 상태를 유지하면 피부가 상하는 일이 많았고 실제로 '화장독'이라는 말도 있었다.

하지만 사람과 환경 모두에게 지속 가능한 화장품이 대세인 지금은 메이크업을 짙게 하면서도 피부가 건강해질 수 있는 시대다. 메이크업 제품에 보습, 피부 장벽 효과, 탄력 개선에 효과적인 스킨케어 효능 성분이 함유되면서 피부 결점을 가리는 동시에 피부 관리를 누릴 수 있게 됐다. 스킨케어 효능 성분이 메이크업 제품에 함유되어도 제품의 안정성을 무너뜨리지 않는 코스맥스의 연구개발 역량이 이를 가능케 했다.

쿠션부터 미세전기까지,
30년 뷰티 혁신

　내부 조직의 변화를 진행하는 한편 코스맥스는 고객사의 다양해진 요구에 대응하기 위해 외부에서 혁신의 파트너를 찾았다. 2013년 UC버클리대학교의 핸리 체스브로Henry W. Chesbrough 교수는 '개방형 혁신Open Innovation'이라는 개념을 발표했다. 그는 기업 내부의 연구개발에만 의존하지 않고 외부의 다양한 기술 원천을 활용하는 기술 혁신이 비용을 절감하면서 더 빠르고 확실한 연구 성과를 낼 수 있다고 주장했다. 오늘날 개방형 혁신은 기업이 경쟁력을 유지하고 시장 수요에 빠르게 대응하기 위한 필수 요소로 자리 잡았다.

　코스맥스 또한 개방형 혁신을 전략의 핵심으로 삼고 있다. 학술기관, 연구센터, 산업 플레이어를 포함한 다양한 외부 파트너와 적극적으로 협력해 혁신을 촉진함으로써 경쟁 우위를 유지하기 위해서다.

　코스맥스의 대표적인 개방형 혁신 사례로 '미세전기 화장품'을 들 수 있다. 2021년 국내와 해외 화장품 브랜드 제품을 포함해 120가지 신제품으로 출시되어 2024년 말 현재 선풍적인 인기를 끌고 있다. 화장품 연구자의 가장 큰 고민은 어떻게 하면 피부 깊숙이 유효 성분을 흡수시키는가에 있다. 피부의 가장 바깥층인 각질층이 지방과 단백질로 구성된 장벽 역할을 해서 물질의 침투를 막는 데다 성분의 분자량이 크면 피부를 통과하는 것 자체가 어렵기 때문이다.

이 문제를 해결하기 위해 화장품 연구자들은 다양한 기술을 개발하고 있다. 리포좀, 나노에멀견^{Nanoemulsion}•, 나노입자 등을 활용해 유효 성분을 미세한 캡슐에 감싸 피부 침투력을 높이는 기술, 초음파 등의 전기적 자극으로 피부 장벽을 순간적으로 열어 유효 성분을 깊이 전달하는 기술을 개발 중이며, 최근에는 미세바늘을 이용해 일시적으로 피부에 미세한 구멍을 내어 유효 성분이 직접 피부에 침투할 수 있도록 유도하는 마이크로니들^{microneedle} 기술도 상용화됐다.

코스맥스는 2018년부터 뷰티 디바이스에 사용되던 미세전기 기술을 화장품으로 개발하기 시작했다. 물론 뷰티 디바이스를 사용하면 되지만, 가격이 비싸 소비자들로서는 접근하기가 쉽지 않다. 그래서 코스맥스는 뷰티 디바이스 없이도 같은

• 입자 크기가 수십~수백 나노미터(nanometer, nm)인 미세 유화 시스템. 유화 입자 사이즈를 나노 크기로 고르게 섞은 형태로, 피부 흡수력이 우수하며 푸른색의 미색을 가진다. 기능성 스킨케어에 자주 활용된다.

효과를 누릴 수 있도록 '압전 기술을 이용한 항노화 화장품' 기술을 개발했다. 제품을 피부에 바르고 두드리면 미세전기가 발생하고, 이를 통해 피부 깊숙이 유효 성분이 침투된다. 이러한 압전 효과를 증명하기 위해 국립안동대학교 연구팀의 도움을 받아 계측기도 개발했다.

코스맥스는 2019년 서울대학교와 함께 SNU-COSMAX 테크놀로지 인큐베이션 센터[TIC]를 설립하고 차세대 뷰티 및 헬스 솔루션 개발을 위한 연구를 진행해 왔다. 이후 서울대학교와 공동연구 협약을 체결해 공대, 약대, 자연대, 인문대, 농생대 등 전체 단과대학과 협력할 수 있는 기반을 마련했다. 이렇게 대학교 차원에서 한 회사와 계약을 체결한 것은 코스맥스가 처음이다. 서울대학교와의 협력을 통해 코스맥스는 최신의 과학적 발견에 접근하고 이를 제품 개발 프로세스에 적용할 수 있었고, 이를 바탕으로 업계 트렌드를 선도하며 고객사에 혁신적인 솔루션을 제공할 수 있었다.

코스맥스는 서울대학교 외에도 국내외 24개 대학교 및 연구기관과 협력을 확대하고 있다. 최근에는 미국 하버드대학교 의과대학(매사추세츠 종합병원) 및 중국 푸단대학교 의과대학과 함께 피부 마이크로바이옴 분야 공동연구를 진행하고 있다.

글로벌 최고의 화장품 ODM 기업이라는 코스맥스의 명성에는 외부 연구기관 못지않게 동반 성장 파트너인 브랜드의 역할이 컸다. 코스맥스가 거래하는 고객사는 줄잡아 4,500여 곳에 이른다. 30여 년간 수많은 브랜드가 코스맥스를 거쳐 갔다. 코스맥스가 이들에게 혁신을 제안하기도 하지만, 이들이 코스맥스에 최신 트렌드에 대한 정보를 제공하고, 그 정보는 코스맥스가 혁신을 만들어내는 밑거름이 된다. 마치 막대한 데이터를 폭식하면서 더 똑똑해지는 AI처럼 코스맥스 R&I센터는 30년 넘는 축적의 시간을 통해 숨 쉬듯이 혁신의 결과물을 만들어내는 조직으로 거듭났다.

병아리가 알을 깨고 나오기 위해서는 어미 닭이 밖에서 쪼고 병아리가 안에서 쪼며 서로 도와야 한다. 줄탁동시啐啄同時는 경영 현장에도 유효하다. 혁신이라는 가치는 내부적 역량과 외부적 환경이 적절하게 조화되어야 창조될 수 있다. 2020년 코로나19 팬데믹 기간에 론칭돼 크게 히트한 '가히 멀티밤'은 줄탁동시의 가장 좋은 사례다. 화장품을 손에 묻히지 않고 사용할 수 있는 멀티 기능 제품으로 각광받은 이 제품은 단순한 화장품을 넘어 현대인의 라이프스타일을 바꾼 혁신 제품으로, 코리아테크를 글로벌 뷰티 트렌드를 선도하는 아이콘으로 만들었다.

사실 처음부터 멀티밤 형태의 제품을 기획했던 것은 아니다. 가히를 만든 코리아테크는 뷰티 디바이스를 취급하던 기업이었다. 디바이스 시장의 축소로 어려움을 겪던 코리아테크는 화장품 사업 진출로 도약의 기반을 마련하고 싶다며 코스맥스에 손을 내밀었다. 양사의 관계자들은 매주 만나 아이디어 회의를 진행했고, 어느 날 누군가의 입에서 스틱밤 형태로 스킨케어 제품을 만들면 어떻겠냐는 아이디어가 툭, 튀어나왔다. 열린 브레인스토밍의 성과였다. 코스맥스는 다양한 피부 고민을 해결할 수 있는 효능을 담으면서도 끈적임 없이 산뜻한 사용감을 제공하는 멀티밤을 개발했고, 코리아테크는 자신의 특기를 살려 홈쇼핑과 미디어 채널에 제품을 노출하는 마케팅·유통 전략을 구사해 자연스럽게 브랜드 인지도를 확보하며 큰 성장을 거두었다. 코리아테크는 이 한 제품으로 3년간 5,000억 원의 매출을 올렸다.

알리바바, 아마존, 페이스북, 카카오, 구글, 네이버. 이름만 들어도 누구나 고개를 끄떡이는 이 빅테크 기업들은 공통점을 갖고 있다. 제품을 생산하고 서비스를 제공하는 것이 아니라 사람들이 필요로 하는 제품이나 서비스를 연결해 주는 일을 통해 엄청난 성공을 거둔 기업이라는 점이다. 이들 기업이 가진 첫 번째 경쟁력은 큐레이션 능력으로, 여기에는 수많은 정보 가운데 의미 있는 것을 선별해 새로운 가치를 부여하는 능력이 필요하다. 이렇게 선별된 양질의 정보는 바로 기업의 경쟁력이 된다. 두 번째 경쟁력은 판매자와 구매자를 플랫폼으로 연결해 교류와 거래를 촉진하는 네트워킹 능력이고, 세 번째는 독특한 아이디어로 승부하는 촉매 기업이라는 점이다. 이들은 서로 필요로 하지만 직접 만나기 힘든 두 집단을 발견하고 이들을 효과적으로 연결해 막대한 돈을 번다.

혼자서 처음부터 끝까지 모든 것을 감당하려고 하면 속도와 유연성이라는 퍼포먼스를 끌어올릴 수 없다. 아이디어 단계부터 고객사, 협력사와 함께해야 한다. 자체 힘으로도 모자라면 외부의 힘을 끌어와야 한다. 화장품 산업의 밸류 체인 중심에서 코스맥스가 해야 할 일은 연결이라고 여겨왔다. 지난 30여 년간 코스맥스가 고객사, 협력사와 함께 때로 넘어지고 다시 일어서며 목표를 향해 달렸던 모든 순간의 경험은 그대로 축적되어 코스맥스가 더 빠르고 더 유연하게 혁신적인 기술을 개발하는 양분이 됐다.

글로벌 뷰티 기술의
중심으로

    이쯤 되면 2025년 현재 코스맥스의 R&I센터에서 무엇을 개발하고 있을지 궁금할 것이다. 이 책을 처음부터 읽었다면 코스맥스의 현재가 곧 K-뷰티의 미래임을 눈치챘을 테니 말이다. 구체적인 연구 내용을 밝힐 순 없지만, 현재 연구소 조직을 더 세분화하고 있다는 사실만은 귀띔해 줄 수 있다. 18개의 랩을 28개로 세분화해 연구소의 전문성을 높이는 조직 개편을 진행 중이다. 지금까지 한국 시장을 중심으로 꾸렸던 조직을 글로벌 연구기지로 만들기 위한 노력의 일환이다. 한국 시장용으로 제품을 개발한 후 세계 시장에 선보이는 기존 방식에서 벗어나 처음부터 글로벌 관점에서 제품을 개발할 수 있는 조직으로 변신시키기 위해 전문성을 강화하는 것이 이번 개편의 궁극적인 목표다.

이는 최근 인디 브랜드의 해외 광폭 행보와 궤를 같이한다. 국내 인디 브랜드 주자들은 미국, 유럽, 일본, 중국, 동남아시아의 다양한 온라인 플랫폼, 대형 마트, 편의점 등으로 유통망을 확장하면서 현지 소비자와의 접점을 확대하고 있다. 앞서도 언급했던 마녀공장은 미국 코스트코 300개 매장 입점에 성공했고, 아누아는 론칭 5년 만에 미국, 일본 등 주요 글로벌 시장의 플랫폼에서 판매 1위를 기록한 데 이어 아마존 프라임 데이에서 전년 대비 5배 이상의 놀라운 성과를 올린 바 있다. 아미코스메틱의 프리미엄 브랜드 씨엘포는 중국 왓슨스^{Watsons}에서 진행된 'Health Wellness and Beauty Awards 2024'에서 7년 연속 수상의 쾌거를 이뤘다. 한정된 국내 시장을 벗어나 글로벌 시장에서 활약하는 인디 브랜드 중에는 애초부터 해외 시장을 겨냥한 제품을 개발해 현지에서 좋은 반응을 얻으며 성장한 브랜드가 적지 않다.

이런 브랜드를 뒷받침하는 것이 이번 연구소 조직 개편의 핵심이다. 일례로 이번 개편을 통해 기존에는 색조 랩에 포함돼 있던 마스카라가 별도의 랩으로 독립한다. 한국 시장만 놓고 본다면 마스카라 시장이 크지 않기 때문에 굳이 분리할 필요는 없을 것이다. 하지만 글로벌 시장으로 시야를 넓히면 이 이야기가 달라진다. 마스카라 시장은 스킨케어 제품 시장보다 오히려 기회가 더 많은 시장일 수 있다. 세계 마스카라 시장 규모는 2023년 기준 83억 9,000만 달러(약 12조 2,000억 원)에 이른다. 물론 세계 페이스 크림 시장 규모인 169억 8,000만 달러(약 24조 7,000억 원)에 비하면 절반에 불과하지만, 경쟁사가 많은 페이스 크림과 달리 마스카라는 상대적으로 경쟁자가 적기 때문에 차별화된 아이디어만 있다면 크게 성공할 가능성이 있다.

국내에선 이렇다 할 반응을 얻지 못했지만 미국과 중국에서 큰 성공을 거둔 튜빙 마스카라는 왜 글로벌 관점에서 제품을 개발해야 하는지를 설명해 주는 좋은 사례다. '속눈썹을 한 올 한 올 감싸는 마이크로 튜빙 기술로 뭉침 없이 인형 같은 속눈썹을 연출하는 튜빙 마스카라.' 여성 잡지에서 소개된 튜빙 마스카라 홍보 문구다. 이 문구처럼 튜빙 마스카라는 풍성한 속눈썹을 연출해 주고, 웬만해선 번지거나 지워지지 않는 장점이 있다. 무엇보다 클렌징이 매우 간편하다. 아이 리무버 대신 미온수에 적신 손가락을 이용해 속눈썹 방향을 따라 쓸어내리면 마치 껍질을 벗기듯 속눈썹 모양대로 벗겨진다. 이처럼 튜브 형태로 마스카라가 지워진다고 해서 튜빙 마스카라라는 이름이 붙여졌다. 아이 리무버로 정성스럽게 마스카라를 지우는 문화가 정착된 국내에선 큰 반응을 얻지 못하고 있지만, 틱톡에서 튜빙 마스카라를 사용하고 지우는 영상이 확산하면서 미국과 중국에선 핫 아이템으로 인기몰이 중이다.

3년 전 코스맥스는 코스맥스 미국 법인에 튜빙 마스카라 기술을 전수했고, 현지 소비자들의 열광적인 지지를 얻으며 튜빙 마스카라 시장에 붐이 일었다. 해당 제품이 튜빙 마스카라의 원조 격으로 화제를 모으자 이후 다른 브랜드에서 앞다퉈 코스맥스에 제품 개발을 의뢰하는 일이 벌어졌다. 중국에서도 비슷한 현상이 일어났다. 코스맥스 광저우의 고객사인 한 인디 브랜드가 출시한 튜빙 마스카라가 라이브 방송을 통해 크게 히트하면서 튜빙 마스카라 시장에 불을 붙였다. 현재 튜빙 마스카라는 코스맥스 광저우 매출의 약 20%를 차지하는 효자 품목으로 부상했다.

비슷한 예로 중국 시장에서 큰 반향을 일으킨 아미노산 클렌징폼도 글로벌 관점에서 제품을 개발해 성공을 거둔 사례다. 기존 클렌징폼이 알칼리성을 띠는 데 반해 아미노산 클렌징폼은 약산성을 띠기 때문에 피부 자극이 적고, 아미노산 계면활성제 특유의 크리미하고 풍성한 거품이 피부를 부드럽게 세정한다. 민감성 피부가 유독 많은 중국인에 최적화된 제품이다. 코스맥스가 이미 보유하고 있던 아미노산 클렌징폼을 중국 시장에 맞게 개선하고 생산 단가를 낮춰 공급한 것이 주효했다.

이 같은 사례들은 전혀 새로운 기술이 아니더라도 차별화 포인트가 있고 시장 니즈가 존재한다면 글로벌 시장에서 얼마든지 성공할 수 있음을 보여준다. 영국을 대표하는 경제학자 존 케인스John Keynes는 이렇게 말했다.

"세상에서 가장 어려운 것은 사람들이 새로운 아이디어를 받아들이도록 하는 것이 아니라 오랜 아이디어를 잊게 만드는 것이다. 즉, 변화에서 가장 힘든 것은 새로운 것을 생각해 내는 것이 아니라 이전에 갖고 있던 틀에서 벗어나는 것이다."

마스카라 하나도
글로벌 전략으로

하지만 화장품 시장에서 기술로 차별화하는 전략은 갈수록 어려워지고 있다. 화장품은 여전히 가능성이 무궁무진하지만 동시에 그 어느 때보다도 치열한 경쟁이 벌어지는 시장이다. 2023년 기준 국내 화장품 등록 업체(책임판매업체, 제조업체, 맞춤형 화장품 판매업체) 수는 약 36만 개에 이른다. 5년 전인 2018년

약 15만 개에서 2배 이상 증가한 수치다.

　창업 열풍으로 인한 인디 브랜드의 등장과 함께 K-뷰티 열풍이 제약, 식품, 패션, 유통 등 타 산업에서 화장품 산업으로의 진출을 부추긴 결과이기도 하다. 동국제약 마데카 크림의 성공 신화는 제약사들의 화장품 시장 진출 러시를 이끌었고, 식품 업계에서도 '먹는 것만큼 안전한 화장품'이라는 메시지를 담은 자연 친화적이고 건강한 이미지를 강조한 뷰티 제품을 출시해 소비자들의 관심을 끌고 있다. 패션 업계도 경쟁에 가세했다. 스타일난다의 성공 스토리는 이제 패션 업계에서 드문 일이 아니다.

　현대백화점 계열의 패션 기업 한섬은 지난 2020년 화장품 사업 진출을 선언했는데, 이날 하루 주가가 14.5% 급등하기도 했다. 패션 제품을 구매하는 소비자가 뷰티 제품에도 관심을 갖는 경향이 강하다는 데 착안한 무신사는 2021년 '무신사 뷰티 전문관'을 론칭해 자사의 주력 고객층인 MZ세대에게 패션과 뷰티를 결합한 통합적 쇼핑 경험을 제공하고 있다. 비슷한 시기 코롱FnC도 뷰티 브랜드 앰퀴리를 론칭했다. 이들은 각자의 전문성과 독창성을 바탕으로 하여 기존 화장품 업계와는 차별화된 접근 방식으로 시장에 혁신과 경쟁을 동시에 불러일으키고 있다. 이처럼 업종을 가리지 않고 뷰티 시장에 진출하는 현상을 두고 화장품 업계에선 "화장품이 기업을 빨아들이는 블랙홀이 되고 있다"는 이야기까지 나온다.

매년 많은 기업이 새롭게 등장하고, 그 가운데 대다수는 시장에서 사라지는 것 또한 현실이다. 화장품 시장의 성공 공식이 더욱 복잡해지는 상황에서 코스맥스의 역할은 고객사가 자신만의 차별화된 경쟁력으로 시장에서 성공하도록 돕는 것이다. 차별화된 경쟁력은 누가 먼저 소비자의 요구를 파악하고 그것에 얼마나 빨리 대응하느냐에 달려 있다.

소비자의 요구를 눈치채고 그 요구를 기술로 구현해 내는 것은 말처럼 쉬운 일이 아니다. 요즘 소비자들이 원하는 것은 단순히 기존 제품보다 더 나은 제품이 아니다. 새로운 기능과 경험, 기존에는 없던 완전히 새로운 제품을 기대한다. 커버력이 좋으면서도 촉촉한 쿠션, 촉촉하면서도 끈적이지 않는 크림, 물에 번지지 않으면서도 쉽게 지워지는 마스카라. 소비자들이 실제로 원하는 제품이지만 연구자의 관점에서 보면 양립하기 어려운 기능의 조합이다. 커버력을 높이려면 색소 파우더를 다량 사용해야 하는데, 색소가 많아질수록 제형이 매트해진다. 촉촉한 느낌을 유지하려면 오일이나 보습 성분을 추가해야 하지만 이는 또 다른 제형적 도전을 유발한다.

하지만 치열한 경쟁에서 살아남으려면 반드시 이 모순의 장벽을 넘어야 한다. 그렇다면 어떻게 이 장벽을 넘을 수 있을까. 답은 기존의 틀을 깨는 기술 혁신에 있다. 기존의 소재나 전통적인 처방만으로는 한계가 명확하다. 새로운 소재를 발굴하고, 서로 상충하는 기능을 통합할 수 있는 창의적인 혼합 방식을 찾아야 한다. 궁극적으로 이 모든 과정은 단순한 기술적 도전이 아니라 소비자들에게 차별화된 경험을 제공하려는 노력이어야 한다.

혁신이란 결국 기존의 틀을 깨는 변화다. 이 정의는 특히 화장품 업계에서 매우 적확하다. 화장품 시장의 경쟁은 날로 치열해지고 있다. 이제 단순한 품질 경쟁을 넘어선 혁신적 사고를 기반으로 한 제품이 시장을 선도한다. 과거의 방법론으로는 새로운 시대의 소비자 요구를 따라갈 수 없다. 소비자의 니즈를 읽고 그것을 기술로 구현하는 것, 그리고 이 과정에서 기존의 틀을 과감히 깨부수는 것. 이것이야말로 코스맥스 R&I센터가 지금까지 걸어온 길이며, 새로운 미래를 준비하며 조직 개편을 단행한 이유이다.

성큼 다가온
개인 맞춤형 화장품 시대

"오늘은 미세먼지가 많아 피부 보호막을 강화하는 처방이 필요합니다."

거울 모양의 스마트 스킨 디바이스가 단 몇 초 만에 밤새 부족했던 수분, 증가한 피지, 예민해진 피부톤까지 피부 상태를 완벽하게 분석한 후 날씨에 맞춰 당신에게 필요한 스킨케어 포뮬러를 제안한다. 말이 떨어지기가 무섭게 화장대에 놓인 작은 화장품 제조기는 AI가 추천한 성분 비율에 맞춰 신선하게 배합된 크림을 몇 분 만에 완성한다. 바쁜 아침, 메이크업은 더욱 간단하다. 당신의 피부톤과 기분에 맞춰 디지털 팔레트에서 AI가 제안한 립 컬러를 선택하자 디바이스는 즉석에서 그 색상을 제조해 낸다. 얼굴 위로 손길이 스칠 때마다 완벽하게 조화된 색상과 텍스처가 자리 잡는다. 매일 똑같던 스킨케어나 메이크업 루틴은 이제 개인화된 경험으로 재탄생해 당신만의 일상이 된다.

인공지능AI, 사물인터넷IoT, 빅데이터, 로봇과 같은 4차 산업혁명 기술 개발 속도가 눈부신 지금, 테크놀로지 혁명의 한가운데 서 있는 코스맥스는 이 장면이 현실로 다가올 날이 머지않았음을 느낀다. 최근 몇 년 사이 세계 최대의 가전전시회 CES에서 기업들이 선보인 뷰티테크는 이 장면이 상상이 아니라 곧 닥칠 우리의 일상임을 보여준다. 첨단 기술과 손을 맞잡은 뷰티테크는 화장품 개발과 소비자 경험을 재정의하고 있다. 피부 진단, 최적의 처방 추천, 그리고 이를 기반으로 한 맞춤형 제품 제작에 이르기까지, 기술은 이제 단순한 도구가 아니라 화장품 산업의 변화를 이끄는 새로운 중심축으로 자리 잡았다. 나만의 피부 관리, 나만의 화장품이 가능한 일대일 맞춤형 화장품 시대가 다가오고 있다.

코스맥스가 최근 인수한 AI 스타트업 아트랩은 CES 2024에서 피부 상담 AI 챗봇 '스킨챗SkinChat'과 피부 분석 AI 모듈 '스키나이저Skinyzer'를 선보여 크게 화제가 됐다. 아트랩이 선보인 기술은 AI가 소비자의 피부 고민을 해결하고 최적의 피부 솔루션을 제안하는 미래를 예견하게 했다. 스킨챗은 비전 AI 기술과 스킨케어 지식 데이터베이스를 바탕으로 간단한 피부 상담을 수행하는 앱으로, 사용자에게 적합한 화장품 시술을 연결해 준다. 이를 뒷받침하는 스키나이저는 논문으로 검증된 문진과 모바일을 통한 스킨케어 AI로, 간단히 고객의 피부 타입을 분석한다. 20만 건의 국내 피부 데이터를 토대로 개발된 아트랩의 솔루션은 저마다 다른 피부 타입의 소비자에게 동일한 제품을 제공하는 기존 화장품 처방을 개선하는 데 초점이 맞춰져 있다. 연구와 생산 등 사업 전 분야에 걸쳐 AI와 로봇 기술을 이용한 혁신을 꾀하고 있는 코스맥스는 아트랩의 AI 기술력을 이용해 신제품 연구개발 속도를 대폭 개선할 계획이다.

아트랩 외에도 대기업과 스타트업이 앞다퉈 뷰티테크 개발에 박차를 가하고 있다. 그날그날의 피부 상태에 따라 1일 1팩을 맞춤형으로 제작할 수 있는 기술도 이미 나와 있다. 국내 기업 뷰넥스는 CES에서 개인의 유전자 정보, 피부 상태, 행동 패턴, 외부 환경 지수 등을 분석해 맞춤형 마스크팩 레시피를 제공하는 '마이스킨팩mySKINPACK'을 선보였다. 소비자 한 사람의 데이터를 분석해 즉각적인 맞춤형 솔루션을 제공하는 시스템으로, 이는 '개인화'를 넘어 완전히 '초개인화'된 뷰티 경험을 제공하는 단계로의 진화를 의미한다.

코스맥스도 CES 2023에서 원하는 컬러만 선택해 인쇄하는 맞춤형 메이크업 팔레트 디바이스 '컬러잼$^{Color\ Jam}$'으로 혁신상을 수상한 바 있다. '스스로 디자인해서 만들어 쓰는 나만의 화장품'을 콘셉트로 삼성전자 C랩 출신 테크 기업 프링커코리아와의 협업으로 탄생했다. 이 디바이스는 증강현실^{AR} 기술을 이용해 메이크업 컬러를 적용해 볼 수 있는 앱과 연동된다. 사용자가 원하는 컬러를 얼굴에 적용한 후 마음에 드는 컬러 파우더만 출력해 사용할 수 있다. 선호하는 일부 색상만 사용하거나 메이크업 시 실제 색상이 원하는 느낌과 달라 사용 빈도가 떨어지는 경우가 많은 팔레트의 단점을 보완해 각자의 피부

CES 2023에서 혁신상을 수상한 컬러잼

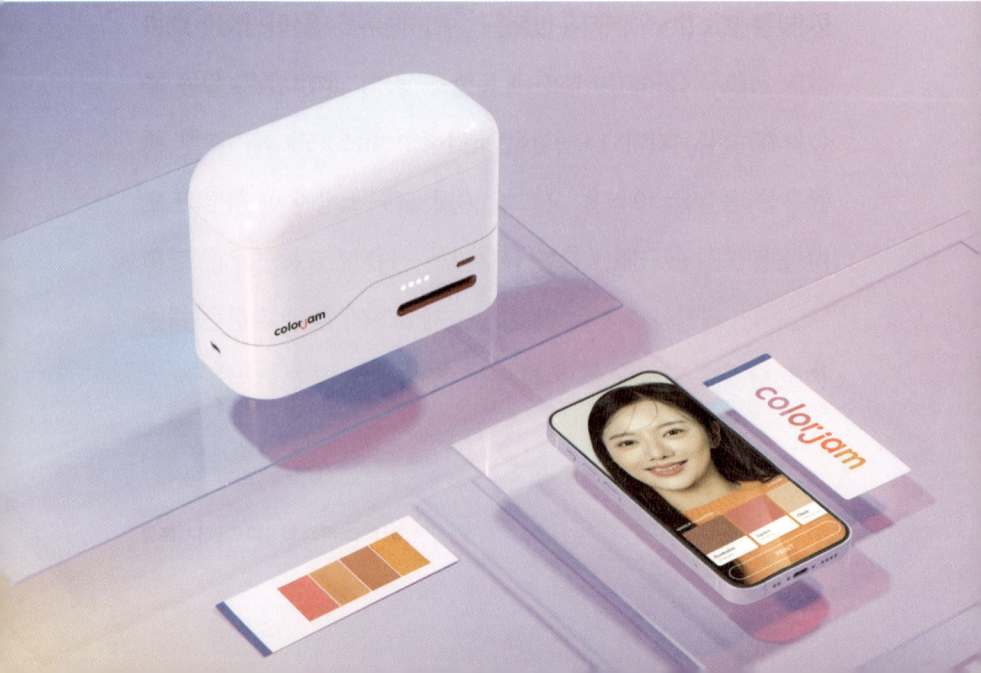

톤과 선호도에 맞게 다양한 컬러 조합이 가능하다. 원하는 색상만 출력하는 '나만의 팔레트'가 가능해 자원 활용 효율성을 높이고 환경 보호에 도움이 되는 친환경 효과도 기대할 수 있는 기술이다.

뷰티 업계의 화두인 초개인화 트렌드는 기술과 데이터의 결합이 필수적이다. 그런 의미에서 피부 진단, 최적의 처방 추천, 그리고 이를 기반으로 한 제품의 제작까지 AI는 단순한 도구가 아니라 화장품 산업의 새로운 중심축으로 자리 잡았다. AI는 그날그날 소비자의 미세한 피부 변화까지 감지하고, 그 데이터를 활용해 즉각적인 솔루션을 제공한다. 코스맥스는 이러한 기술이 소비자들에게 단순한 제품 이상의 가치를 제공하며, 브랜드에 대한 신뢰와 충성도를 높이는 핵심 요인으로 작용할 것으로 보고 있다.

2022년 식품의약품안전처가 발간한 〈맞춤형 화장품 세계 시장 동향 조사·분석 자료집〉에 따르면, 세계 맞춤형 화장품 시장 규모는 2021년 11억 4,400만 달러(약 1조 4,000억 원)를 기록해 전년도인 2020년 7억 5,300만 달러(약 9,900억 원)보다 51.9%나 성장했다. 식품의약품안전처는 이후 연평균 35%씩 성장해 2025년에는 40억 500만 달러(5조 2,700억 원) 규모로 커질 것으로 전망했다.

평균의 시대를 넘어
고유성의 시대로

　AI 기반 피부 분석, 맞춤형 화장품 디바이스, 개인화된 메이크업 솔루션, 스마트 제조 시스템은 모두 한 가지 목표를 향하고 있다. 바로 소비자 한 사람 한 사람에게 맞춘 최적의 뷰티 경험을 제공하는 것이다. 비단 뷰티 산업만의 이야기는 아니다. 오늘날 소비자들은 자신만을 위한 맞춤형 제품과 서비스를 기대한다. 이미 만들어진 음반이 아니라 자신만의 취향이 담긴 플레이 리스트를 갖고 싶어 하고, 기성품이 아니라 그날그날 자신의 컨디션에 맞는 영양제와 식단으로 건강을 관리하고 싶어 한다.

　구글은 2017년 글로벌 SPA 브랜드 H&M과 손잡고 개인 맞춤옷 주문 제작 앱 '코디드 꾸뛰르Coded Couture'를 개발 중이라고 발표했다. 빅테크 기업인 구글조차 IT가 아닌 패션 사업에서 기회를 찾고 있다는 것은 초개인화라는 키워드가 소비 시장의 패러다임을 바꿀 핵심임을 짐작하게 한다. 이런 서비스는 화장품 업계에도 강력히 요구되고 있는 변화다. CJ온스타일이 지난 2021년 초 자사 이용 고객 7,357명을 대상으로 한 맞춤형 헤어 케어 상품 관련 호감도 조사 결과 73.6%의 고객이 본인의 헤어나 두피 상태에 맞는 개인 맞춤형 샴푸를 구매할 의향이 있는 것으로 나타났다.

화장품 업계에 '개인 맞춤형'이라는 말이 등장한 것이 최근의 일은 아니다. 과거에도 개인 맞춤형 화장품이라는 이름을 걸고 판매되는 제품이 있었다. 기껏해야 두세 가지인 샴푸 향을 수십 개로 다양화하고서는 '개인 맞춤형 향 샴푸'라는 이름을 붙이기도 했다. 이미 만들어진 제품 가운데 내 취향에 가장 잘 맞는 것을 고르는 이 방식을 진정한 개인 맞춤형이라고 보기엔 무리가 있다. 개인 맞춤형 화장품이 철저하게 소비자가 중심에 있는 방식인 데 반해 여전히 공급자가 중심에 있는 방식이다.

아모레 성수 매장에서 운영 중인 '센슈얼 립 커스텀 매치'는 전문가 일대일 상담을 통해 고객에게 맞는 립 제품이 도출되면 조제 관리사가 현장에서 바로 제품을 제조해 주는 서비스다. 지금까지 개인 맞춤형 화장품은 고객이 간단한 문답을 작성하면 상담원이 적합한 제품을 추천하는 방식으로 판매됐는데, 기술이 발전하면서 피부를 진단할 수 있는 디바이스가 상담원을 대체하는 정도로 진화했다.

이 방식이 새로운 고객 경험을 제공하는 이벤트 기능이 있는 것은 분명한 사실이다. 하지만 개인 맞춤형 화장품의 미래

수익 모델을 설계하는 데 있어 짚어봐야 할 과제들이 있는 것 또한 사실이다. 상담에서 시작해 제품을 완성하기까지 맞춤형 화장품 1개를 팔기 위해 30분 정도 걸린다고 가정하면, 상담원 한 명이 하루 8시간 동안 고작 16개의 립스틱밖에 팔지 못한다. 그렇다고 맞춤형 화장품 가격을 무턱대고 높일 수도 없다. 더욱이 30분이나 걸리는 복잡한 맞춤형 화장품 구매 절차는 소비자들을 망설이게 하는 원인이 될 수도 있다.

이런 이유로 인해 개인 맞춤형 화장품에 대한 회의적인 시각이 여전히 존재한다. 대다수의 소비자가 시중에 나와 있는 화장품 중 자신의 피부에 맞는 제품을 선택해 사용하고 있는 만큼 맞춤형 화장품 수요가 있을지 의문이라는 지적과 함께, 대량 생산이 어려운 맞춤형 화장품에서 투자 대비 수익성을 기대하기 어려운 점도 부정적인 요인으로 꼽힌다.

진정한 개인 맞춤형 서비스가 되기 위해선 사람의 개입을 최소화하고 1개의 제품을 생산하더라도 대량 생산과 동일한 수준으로 제조 비용을 낮춰야 한다. 아울러 개개인의 처방과 선호도에 맞는 제품을 생산하려면 제형, 용기, 향 등 수많은 요소도 고려해야 한다. 개인 맞춤형 화장품 시장은 AI 기술을 보유하고 있다고 해서, 뛰어난 연구개발 능력이 있다고 해서 도전할 수 있는 시장이 아니다. 그것을 뒷받침하는 스마트 생산 능력도 갖춰야 한다. 하루가 다르게 AI 기술이 발전하고 있음에도 여전히 개인 맞춤형 화장품 시장이 열리지 못하고 있는 것은 이런 복합적인 요건이 갖춰지기까지 시간이 걸리기 때문이다.

한국 화장품 기업 가운데 이 모든 것을 갖출 수 있는 기업이 몇이나 될까? 첨단 기술, 연구개발 역량, 생산 능력, 그리고 수많은 경험을 통해 쌓은 빅데이터까지. 이 모든 것을 갖춘 기업이 바로 코스맥스다.

코스맥스는 2019년부터 개인 맞춤형 화장품 시대를 준비하며 디지털 혁신을 기치로 내세웠다. 이경수 회장은 "한 가지 제품을 1,000개, 1만 개 만드는 시대가 아니라 소비자 개개인이 원하는 10만 종류, 100만 종류의 화장품을 1개씩 생산해야 하는 시대가 반드시 올 것"으로 내다보고 준비해 왔다. 한 가지를 10개 만드나 열 가지를 1개씩 만드나 생산성이 같아야 한다. 그래야 맞춤형 화장품의 경쟁력이 생긴다. 코스맥스는 제품 1개를 제조해도 대량으로 생산할 때와 비용에 차이가 나지 않도록 연구와 기술 개발을 지속해 왔다. 그 결과물이 2년의 준비 끝에 지난 2023년 2월 론칭한 일대일 개인 맞춤형 화장품 플랫폼인 '3WAAU쓰리와우'다.

소비자의 시대,
제조에서 서비스로

3WAAU의 'WAAU^{We Are All Unique}'에는 '우리는 모두 다르다'는 의미가 담겨 있다. 개인화, 세분화되는 화장품 시장의 수요를 모두 만족시키기 위해 고객의 주문에 맞춰 1개의 제품이라도 생산해 제공하겠다는 코스맥스의 미래 비전과 철학에 대한 선언이기도 하다.

'우리는 누구를 위해 무엇을 만들고 있는가?'

21세기를 관통하는 이 질문은 오늘날 경영자들에게 중요한 화두로 자리 잡았다. 초개인화는 단순히 기술적인 진보의 산물이 아니라 인간의 본질을 탐구해 기업의 역할을 재정립하게 만드는 여정이다. 산업혁명 이후 현대 경영의 뿌리가 된 테일러리즘Taylorism은 인간을 평균적 존재로 정의하고 효율성과 생산성 극대화를 목표로 했다. 이 이론의 창시자인 프레더릭 테일러Frederick Taylor의 이름에서 따온 테일러리즘은 노동자의 움직임, 동선, 작업 범위 등 노동의 표준화를 통해 생산 효율성을 높이는 체계를 말한다. 2차 산업혁명 시대에 테일러리즘은 기술 혁신이라는 파트너를 만나 전 세계 산업의 폭발적인 성장을 일구는 데 커다란 역할을 했다. 기업들은 균일한 품질의 제품을 높은 효율로 생산할 수 있게 됐고, 덕분에 예전엔 귀족이나 부유층의 전유물이었던 소비재를 일반인들도 저렴한 가격에 손에 넣을 수 있게 됐다.

그러나 한 시대를 풍미했던 테일러리즘은 21세기 들어 점차 힘을 잃어가고 있다. 소비자는 더 이상 평균적 고객이 아니라 독립적이고 고유한 정체성을 가진 존재로서 기업과 상호작용하길 기대한다. 프랑스 철학자 조르주 바타유Georges Bataille는 소비를 단순한 경제적 행위가 아닌 개인의 정체성을 드러내는 상징적 행위로 보았다. 그는 '소모dépense'라는 개념을 통해 소비가 단순한 물질적 교환을 넘어서는 의미를 지닌다고 주장했다. 고객이 기업의 제품이나 서비스를 선택하는 순간 그 선택은 자신의 이야기를 표현하는 행위가 된다는 이야기다.

이제 기업은 고객이 자신의 이야기를 완성할 수 있도록 돕는 파트너가 돼야 한다. "모든 인간이 다른 가치 체계를 가지고 있음을 인정하라"고 했던 다원주의 철학자 이사야 벌린Isaiah Berlin의 말은 경영 현장에서도 유효하다. 모든 고객을 평균적인 요구로 묶으려 하기보다 고객 개인의 목소리를 듣고 다양한 선택지를 제공해야 한다. 그러기 위해선 지금까지 공급자 관점에서 이뤄졌던 모든 경영의 행위를 소비자 관점으로 돌려놓아야 한다.

개인 맞춤형 뷰티 플랫폼 '3WAAU'

그에 대한 코스맥스의 해답이 바로 3WAAU다. 개인 맞춤형 뷰티 플랫폼인 3WAAU에선 일대일 맞춤형 샴푸와 트리트먼트 제품을 서비스한다. 웹사이트나 공식 앱에 접속하면 상담원 등의 개입 없이 누구나 간편하게 자신의 모발과 두피 상태에 맞는 제품을 주문할 수 있다. 일단 접속하면 비듬·각질 완화, 가려움 완화, 두피 진정, 냄새 케어, 탈모 증상 완화, 모발 윤기 등 19가지 고민 카테고리 가운데 최대 다섯 가지를 선택할 수 있다. 간단한 클릭으로 선택을 마치고 나면 모발과 두피

3WAUU

증상에 대한 구체적인 질문이 나온다. 두피 타입, 샴푸 후 머리에 다시 기름이 끼기까지 걸리는 시간, 두피에 나타나는 증상 등 꽤 세부적인 질문이 이어진다. 마지막으로 선호하는 향을 선택하면 끝. 모든 질문에 답을 끝내는 동시에 나의 모발과 두피에 최적화된 '나만의 레시피 넘버'가 만들어진다. 이론적으로 1,260만 가지의 레시피가 가능하다. 이렇게 만들어진 레시피로 주문과 동시에 코스맥스 공장에서 제작이 시작된다. 품질 검사까지 마친 제품은 빠르면 주문 후 이틀 안에 택배로 받아볼 수 있다. 제품 라벨에 표기된 성분표는 오로지 나만을 위한 것이다. 고객이 처방된 화장품에 만족하지 못하면 피드백을 토대로 성분을 조정해 2차 제품을 제공한다.

우려와 기대를 동시에 품고 3WAAU를 출시해 2년간 서비스를 진행한 결과는 놀라웠다. 소비자들의 제품 평점은 5점 만점에 4.92점에 이른다. 재구매율은 30%에 육박한다.

"쿨링 샴푸를 사용하면 멘솔향밖에 안 나서 아쉬웠는데 쓰리와우 헤어케어 세트로 바꾸고 나서는 부족한 부분을 모두 잡을 수 있어서 좋았어요."

"두피의 유분기를 잡아주면서 극손상모를 케어해 주는 제품을 찾을 수 없었는데 샴푸, 트리트먼트가 개인 맞춤으로 제작되어 고민을 바로 해결해 줬어요."

일대일 맞춤형 서비스인 만큼 소비자들의 상품평도 이렇듯 자세하다. 특히 탈모 고민을 가진 경우나 복합적인 문제로 고민하는 소비자들의 만족도가 두드러지게 높다. 기존 탈모 샴푸의 경우 클렌징 기능에 초점을 맞추다 보니 향 선택의 폭이 좁고 컨디셔닝 기능이 부족할 수밖에 없다. 소비자의 개별적인 요구에 맞추기 위해 향이나 컨디셔닝 기능을 다양화려면 제품 가짓수를 거의 무한정으로 늘려야 한다. 그렇다 보니 브랜드로서는 가장 평균적인 탈모 고민 소비자에 맞춰 처방된 제품을 제공할 수밖에 없다. 코스맥스는 헤어케어 제품뿐 아니라 초정밀 처방으로 피부 고민에 도움을 주는 맞춤형 스킨케어 제품과 색조 제품도 순차적으로 출시할 계획이다. 내 피부 고민에 맞는 세럼, 내 피부색에 맞는 쿠션을 가질 수 있는 날이 머지않았다.

3WAAU는 코스맥스가 처음으로 소비자와 직접 만나는 자체 브랜드이다 보니 이를 두고 일각에선 코스맥스가 B2C 사업 진출을 본격화하는 것이 아니냐는 분석을 내놓고 있다. 형식만 놓고 본다면 틀린 이야기는 아니지만, 코스맥스의 본심과는 다소 거리가 있는 이야기다. 코스맥스가 3WAAU를 통해 궁극적으로 지향하는 것은 B2C 사업 진출이 아니다. 3WAAU를 고객 경험을 쌓는 테스트 베드로 활용해 개인 맞춤형 화장품 시대를 준비하는 브랜드에게 다양한 서비스를 제공하기 위해서다. 개인 맞춤형 화장품 시장의 중심에 새로운 판을 깔아 놓고 그 위에서 고객들이 마음껏 역량을 발휘할 수 있도록 하기 위함이다.

화장품 시장의 트렌드 변화는 날이 갈수록 빨라지고 있다. 세그먼트도 점차 세분화되고 있다. 작은 취향도 존중받는 시대다. 얼마 전까지 메가 인플루언서나 연예인이 화장품 브랜드를 만들어 성공하는 시대였다면, 이제는 구독자 1만 명의 마이크로 인플루언서나 일반인도 적은 자본금으로 화장품 시장에 진출해 수익을 낼 수 있는 시대다. 아이디어만 있다면 누구나 화장품 창업을 할 수 있는 시대. 코스맥스가 공들여 3WAAU 같은 플랫폼을 만들고 있는 이유다.

이제 제조업의 핵심은 단순한 물리적 제품이 아니라 고객이 제품을 사용하면서 얻게 되는 가치와 경험으로 이동하고 있다. 소비자들이 원하는 것은 제품의 소유가 아니라 소비 활동을 통해 자신만의 가치를 실현하는 것이다. 소비자들은 주름 개선 기능성 화장품을 '사고 싶은' 것이 아니다. 주름을 '개선하고 싶은' 것이다. 초개인화는 제조 기업에 단순히 물건을 만드는 역할을 넘어 고객과 지속적으로 연결된 가치 제공자의 역할을 요구하고 있다. 제조 기업에서 서비스 기업으로의 전환, 코스맥스는 2025년 현재 이것을 가장 중요한 도전 과제로 받아들이고 있다.

K-뷰티
넥스트 10년 플랜

    덴마크의 상징적인 장난감 회사 레고는 단순한 장난감 제조 기업을 넘어 전 세계적으로 사랑받는 창의력과 상상력의 원천으로 자리 잡았다. 레고는 어떻게 온라인 게임이라는 강력한 경쟁자를 누르고 자신의 자리를 지켜낼 수 있었을까.

    2000년대 초 레고는 존폐 위기에 직면했다. 비디오 게임과 디지털 엔터테인먼트의 부상으로 전통적인 장난감 시장이 크게 위축되면서 매출은 큰 폭으로 감소했다. 이런 상황에서 테마파크, 의류, 비디오 게임 등으로 사업을 무리하게 다각화해 브랜드의 정체성이 희석됐고, 복잡하고 비싼 세트에 집중하면서 핵심 고객층과의 연결고리를 상실하며 파산 직전까지 갔다.

위기 속에서 레고는 새로운 변화의 길을 모색했다. 2004년 취임한 35세의 젊은 CEO 예르겐 비 크누스토르프Jørgen Vig Knudstorp는 레고의 본질, 즉 '브릭'으로 돌아가기로 결정했다. 사업 다각화를 중단하는 대신 고객의 목소리를 직접 듣기 위해 소비자 커뮤니케이션 플랫폼 '레고 그룹'을 도입했다. 레고 그룹은 고객이 새로운 레고 세트 디자인을 제출할 수 있는 일종의 아이디어 플랫폼이다. 레고는 고객의 피드백을 적극적으로 반영해 제품을 개선해 나갔다. 자신의 아이디어가 실현되는 것을 직접 눈으로 확인한 소비자들은 이 서비스에 열광했고, 레고의 골수팬이 될 수밖에 없었다.

레고는 고객의 피드백과 구매 패턴을 토대로 제품 라인을 간소화하고 가장 인기 있고 수익성이 높은 세트에 집중했다. 또한 소비자와의 연결고리를 되찾는 한편 디지털 놀이의 영향력이 커지고 있음을 이해하고 물리적 세계와 디지털 세계를 연결하는 제품을 도입했다. 전통적인 블록과 로봇공학을 결합한 '마인드 스톰', 증강현실을 물리적 세트와 통합한 '히든 시리즈'는 사용자들에게 독특한 경험을 제공해 인기를 끌었다. 레고는 디지털 기술을 고객과의 관계 재정의에 활용했고, 이러한 디지털 전환 전략은 레고의 부활을 이끌었다. 디지털 전환을 시작한 지 10년 만인 2014년 레고는 바비인형으로 유명한 미국의 마텔을 제치고 장난감 업계 1위 자리를 차지했다.

장난감 업계를 포함한 전통 산업의 최대 이슈는 디지털과의 경쟁이 아닌 디지털과의 상생이다.

처방도 생산도
디지털 시대

"디지털 대전환을 통해 올해를 초격차를 위한 주춧돌을 세우는 해로 만들겠습니다."

팬데믹이 한창이던 2021년 1월 5일 비대면으로 발표한 신년사에서 이병만 코스맥스 대표는 2021년을 '디지털 코스맥스'로 도약하는 원년으로 삼겠다는 비전을 선언했다. AI 플랫폼을 활용한 비즈니스 모델을 구축해 소비자에게 새로운 경험을 제공하고, 디지털사업본부를 신설해 맞춤형 화장품까지 대응할 수 있는 조직으로 변모시킨다는 구체적인 방향도 제시했다.

코스맥스는 디지털 기술이 모든 산업을 변화시키고 있으며, 뷰티 업계 또한 그 변화를 선도적으로 맞고 있다는 사실을 잘 알고 있다. 인터넷과 모바일을 통해 쉽게 정보를 얻고, 제품을 비교하고 구매할 수 있는 시대가 되면서 화장품 기업들이 더 이상은 전통적인 방식으로 경쟁력을 유지하기가 어려운 상황에 놓여 있다는 것도, 취향과 선호가 다양해진 소비자를 제 편으로 만들려면 개인화된 제품과 서비스를 제공하는 것이 필수라는 것도 알고 있다.

코스맥스는 디지털 전환을 통해 효율성을 높이고, 소비자 맞춤형 서비스를 제공하려는 노력에 집중하고 있다. K-뷰티의 다음 비전을 향해 디지털 코스맥스로 진화하는 중이다. 언제나처럼 코스맥스는 남보다 한발 앞서 다가올 변화를 준비했다. 전통적 방식에서 AI 기반 제조로 방향을 틀려면 핵심 인력인 연구원들을 설득하는 과정을 거쳐야 한다. 이를 위해 AI 전문가인 한양대학교 과학기술정책학과 김창경 교수를 회사로 초빙해 한 달에 두 번씩 강의를 진행했다. 온라인 비즈니스를 강화하고 AI와 IoT, 빅데이터 기술을 활용한 혁신적인 생산 시스템을 도입하기 위해서 회사의 체질 자체를 완전히 바꿔야 했다. 당초 1년 계획이었던 김창경 교수의 강의는 2년 더 연장되어 2019년부터 2022년까지 3년간 진행되었고 회사 분위기를 바꿨다.

이를 바탕으로 2020년 12월에는 디지털사업본부를 신설해 AI 플랫폼을 활용한 맞춤형 화장품에 대응할 수 있는 조직으로 변모시켰다. 2024년 11월엔 AI 스타트업 아트랩을 인수해 생산 자동화와 맞춤형 화장품 등 사업 전반에 걸쳐 AI 혁신을 강화하는 포석을 마련했다. 이를 통해 코스맥스는 뷰티테크를 새롭게 정의하고 ODM 경쟁력을 더욱 강화할 수 있는 기반을 마련했다.

개인 맞춤형 화장품 시대에도 중요한 건 역시 속도다. 새로운 처방의 화장품을 개발하는 데 걸리는 기간은 빨라야 3~6개월이지만, 피부 진단 후 당장 내일 제품을 받아보고 싶어 하는 소비자들에게 그렇게 오래 기다리라고 요구할 수는 없는 노릇이다. 코스맥스의 할 일이 바로 여기에 있다.

하루라도 빨리 제품을 개발하기 위한 코스맥스의 노력이 결과로 나타난 것이 지난 2024년 5월 개발을 완료한 '스마트 조색 AI 시스템'이다. 제품 개발 프로세스의 디지털화를 가능케 하는 이 기술은 뷰티 업계 최초로 색조 제품 개발 과정에 AI 기술이 적용된 솔루션이다. 과거엔 원하는 색상이 나올 때까지 연구원 개개인이 색소의 종류와 함량에 변화를 주며 일일이 색을 맞춰봐야 했지만, 스마트 조색 AI 시스템을 활용하면 이런 과정을 거치지 않고도 정확한 색상을 구현할 수 있다. AI가 인간의 눈으로 자각할 수 있는 모든 색상 값을 데이터로 변환해 색상의 차이를 수치화해서 보여주기 때문에 연구원이 일일이 실험하지 않아도 새로 설계하는 처방의 색상을 예측할 수 있는 것이 가장 큰 특징이다. 이로써 메이크업 제품 개발의 효율성을 크게 높여 샘플 제조부터 색상 확인까지 걸리는 시간을 혁신적으로 단축할 수 있게 됐다.

45가지 색상으로 확장된 티르티르의 '마스크 핏 레드 쿠션'을 비롯해 미국의 가수 겸 배우 셀레나 고메즈가 선보인 '레어 뷰티Rare Beauty', 팝스타 리애나의 '펜티 뷰티Fenty Beauty' 등이 코스맥스의 이 시스템을 활용해 개발한 제품을 판매한다.

이보다 앞서 2023년 2월에 직접 발라보지 않고도 화장품의 사용감을 예측할 수 있는 기술도 개발했다. 숙명여자대학교 박준동 교수 연구팀과 공동연구로 개발한 '텍스처 표준 측정' 기술로, 개인의 주관에 의지하던 화장품 사용감 측정을 객관적으로 수치화할 수 있는 새로운 패러다임을 제시했다고 평가받는다. 사람의 개입 없이도 원하는 대로 사용감을 정밀하게 조정해 맞춤형 화장품 개발 등에 적용할 수 있다.

디지털 세상에선 시장의 트렌드를 포착하는 시스템 자체도 바뀌어야 한다. 전통적으로 시장조사는 사람이 현장에 나가 직접 데이터를 수집하는 방식에 의존해 왔다. 이러한 방식은 시간과 자원의 제약을 받으며, 수집되는 정보가 한정적이고, 주관적인 요소가 개입될 가능성이 높다. 시장조사 기관에서 발행하는 리포트를 참고할 수는 있지만, 이미 지나간 트렌드를 반영한 자료일 수 있어 현재와 미래 시장의 흐름을 즉각적으로 파악하는 데는 한계가 있다.

이러한 문제를 해결하기 위해 코스맥스는 2년간의 독자적인 연구 끝에 2024년 8월 '트랜디텍터'라는 혁신적인 온라인 소비자 분석 시스템을 개발했다. 트랜디텍터는 온라인 쇼핑몰 리뷰 데이터를 AI로 분석해 소비자의 진짜 목소리와 실시간 트렌드를 파악할 수 있게 해주는 시장 분석 시스템이다. 이 시스템은 온라인 쇼핑몰에 실시간으로 쌓이는 대량의 리뷰 데이터를 빠르게 처리하고, 소비자들의 평가와 의견을 실시간으로 분석해 어떤 성분이나 제품이 시장에서 주목받고 있는지, 소비자들이 어떤 특징을 선호하는지 등을 즉시 파악해 준다. 온라인 쇼핑몰 리뷰 전수조사가 가능해 기존의 시장조사 방식에 비해 월등히 높은 정확도를 자랑하며, 빠르게 변화하는 뷰티 시장에서 실시간 트렌드를 포착하게 해준다.

예를 들어 소비자가 온라인 쇼핑몰에 남긴 리뷰를 통해 특정 제품이나 성분에 대한 반응을 분석한 후 이에 맞춰 제품 개발과 마케팅 전략을 빠르게 조정할 수 있다. 겉으론 잘 드러나지 않는 소비자들의 숨은 니즈와 감성까지 파악할 수 있으며, 이것은 더욱 개인화된 제품과 서비스 제공을 위한 중요한 데이터로 활용될 수 있다. 디지털 시대의 시장 분석을 더 효율적이고 정확하게 수행할 수 있도록 돕는 이 시스템은 코스맥스의 디지털 전환을 한층 더 강화할 것이다.

 세상이 바뀌고 소비자의 취향과 요구가 달라지고 유통이 바뀌어도 꼭 필요한 건 연구개발이다. 디지털 시대에도 여전히 세계 최고의 화장품 연구소가 되는 것, 코스맥스는 이것만은 절대 포기하지 않을 것이다.

네 번째 파도를
준비하며

    2025년 코스맥스는 창립 33주년을 맞았다. 한 사람의 생애 주기로 본다면 33세는 한창때로 패기가 넘치고 무한한 가능성을 가진 시기다. 이제껏 쌓아온 경험과 넘치는 에너지를 바탕으로 새로운 도전을 거침없이 받아들이는 나이이기도 하다. 한편으로 33년 차 사회인이라면 업계를 꿰뚫는 노련함과 깊은 통찰력을 가진 베테랑 임원일 것이다. 코스맥스는 패기와 노련함이라는 덕목을 모두 갖춘 K-뷰티의 대표주자로서 세계 최고의 화장품 연구·개발·생산 기업의 자리를 굳건히 지키기 위해 다가올 기회를 미리 준비하고 있다.

    지난 33년간 코스맥스는 한국 화장품 산업과 함께 숨 가쁘게 달려왔다. 한국 화장품 산업이 글로벌 무대에 등장하기 시작한 1990년대 후반부터 코스맥스는 그 중심에서 변화를 이끌었다. 2000년대 초반에는 원브랜드숍과 함께 성장하며 한국 시장에서 입지를 다졌고, 2004년 중국 진출을 계기로 2010년부터는 본격적으로 글로벌 무대로 도약했다. 이 과감한 결정은 세계 1위 화장품 ODM 기업으로 성장하는 데 중요한 전환점이 됐다.

2010년대 중반부터는 K-뷰티의 새로운 주역으로 떠오른 인디 브랜드의 성장을 적극 지원하며 글로벌 시장에서 더욱 강한 존재감을 드러냈다. 인디 브랜드들은 차별화된 콘셉트와 감각적인 제품으로 소비자의 마음을 사로잡았고, 코스맥스는 이들의 성공을 위한 든든한 조력자가 됐다. 이제 K-뷰티는 전 세계에서 하나의 문화로 자리 잡았으며, 그 중심에는 언제나 코스맥스가 있다.

그러나 코스맥스는 여기서 멈추지 않는다. 코스맥스는 이미 새로운 미래를 향해 또 다른 도전의 길로 들어섰다.

'세계는 하나다, 코스맥스는 하나다.'

2025년 코스맥스는 새로운 슬로건을 발표했다. 이것은 단순한 슬로건이 아니다. 코스맥스가 걸어온 길을 되돌아보며 앞으로 나아갈 방향을 제시하는 핵심 가치이다. 새로운 슬로건은 '우리의 네 번째 성장 기회는 어디에 있을까?', '우리가 내디뎌야 할 다음 스텝은 무엇일까?'에 대한 답이다. 다음 파도가 무엇이든 코스맥스는 지금까지 그래왔듯 기회의 중심에 먼저 자리를 잡고 고객사를 기다릴 것이다.

이제 전 세계 소비자들은 SNS를 통해 각자의 관심사와 일상을 실시간으로 소통하고 공유하며, 클릭 한 번으로 지구 반대편에서 손쉽게 제품과 서비스를 제공받을 수 있다. 기업 경영 현장도 마찬가지다. 서로 다른 국가에 있는 현지 법인들은 온라인 협업 툴을 통해 쉽고 간편하게 커뮤니케이션하며 협업한다. 모두가 하나로 연결된 세상을 살고 있는 오늘날, 경계는 무의미해졌다.

코스맥스에게 2025년은 K-뷰티를 넘어서 모두를 위한 'Every-Beauty'로 나아가는 원년이다. 인종과 나이, 지역과 국가의 경계를 넘어 전 세계 사람들을 위한 아름다운 제품을 만들고, '모두를 위한 아름다움'을 실현하기 위해 뷰티 기업들의 최고 파트너가 되겠다는 비전을 향해 한 걸음 더 나아가려고 한다.

코스맥스의 목표는 기업의 성장을 넘어서 전 세계적으로 새로운 아름다움을 창조하는 것이다. 이를 위해 인디 브랜드 발굴에 더 많은 노력을 기울이고 있다. 국내는 물론이고 중국,

미국, 동남아시아, 유럽 등지에서 숨겨진 인디 브랜드를 발굴하고, 이들의 독창적인 브랜드와 아이디어가 세계 곳곳에서 인정받을 수 있도록 더욱 강화된 지원 시스템과 혁신적인 기술력을 제공할 것이다.

　다가오는 개인 맞춤형 화장품 시대를 바라보며 코스맥스는 글로벌 확장과 디지털 전환을 통해 K-뷰티의 새로운 가능성을 열어가고 있다. 2023년에 출시한 일대일 개인 맞춤형 서비스 3WAAU가 2년여의 실험을 통해 안정적인 기반을 다졌다. 3WAAU는 단순히 맞춤형 화장품을 제공하는 서비스에 그치지 않고 소비자의 개별적인 피부 고민과 니즈에 맞춘 혁신적인 제품을 제공한다. 머지않은 미래에 꽃피게 될 초개인화 맞춤형 화장품 시대에 새로운 소비자 경험을 만드는 플랫폼 역할을 톡톡히 할 수 있도록 서비스를 더욱 고도화하고 있다. 또한 3WAAU 서비스를 미국, 유럽, 일본 등지로 확장하고 품목도 더욱 다양화해 글로벌 소비자들에게 차별화된 가치를 제공하고자 한다.

　이 모든 노력은 다가올 네 번째 성장의 파도를 타기 위한 중요한 발판이 될 것으로 확신한다. 첫 번째 성장의 파도는 한국 시장에서의 안정적인 자리매김, 두 번째 성장의 파도는 중국 진출을 통한 글로벌 확장, 세 번째 성장의 파도는 인디 브랜드 지원을 통한 글로벌 시장에서의 입지 강화였다. 이제 코스맥스는 네 번째 성장의 파도를 타기 위해 더욱 진화한 기술력과 글로벌 네트워크를 바탕으로 한 차원 높은 혁신을 추구하고 있다.

'세계는 하나다, 코스맥스는 하나다'라는 슬로건은 한국에서 사랑받는 코스맥스에서 세계인에게 사랑받는 코스맥스로 거듭나고자 하는 포부를 담고 있다.

코스맥스의 여정은 이제 시작에 불과하다. '아름다움'이라는 단어가 지구상에서 사라지지 않는 한 미래를 향한 코스맥스의 발걸음은 멈추지 않을 것이다.

epilogue

Yes, You!

이제
당신이 주인공이다

"K-뷰티 열풍이 언제까지 이어질까요?"

요즘 이경수 회장이 언론사 기자들은 물론이고 주변 지인들로부터 가장 많이 받는 질문 가운데 하나다. 2025년 현재 K-뷰티 열풍이 전 세계 구석구석에 깊은 영향을 미치며 큰 주목을 받고 있다는 것은 우리 모두가 알고 있는 사실이다. 하지만 이 열풍이 언제까지 지속될 것인지를 놓고는 의견이 분분한 것으로 보인다. 일각에선 K-뷰티의 전성기가 이미 끝났다고 평가하는 소리도 들린다. 전 세계 화장품 시장의 경쟁 심화, 한국 화장품의 주요 소비 시장인 중국에서 시장 점유율이 감소한 것을 그 이유로 꼽는 듯하다.

하지만 33년간 한국 화장품 산업을 선두에서 이끌어온 코스맥스는 K-뷰티가 여전히 강력한 매력을 지니고 있으며, 앞으로도 그 영향력을 계속 이어갈 것이라고 확신한다. 그 이유를 코스맥스만의 방식으로 풀어보면 이렇다.

나라 이름에 '뷰티'를 붙여서 어울리는 나라가 전 세계에 과연 몇 개나 있을까? 한국, 프랑스, 이탈리아…… 손가락으로 꼽을 만큼 몇 나라가 안 된다. 나라 이름에 '뷰티'를 붙이려면 다음의 세 가지 조건이 필요하다.

첫째, 그 나라가 아름다워야 한다. 이 기준에 한국은 완벽하게 부합한다. 한국은 사계절이 뚜렷한 자연환경과 천혜의 풍광을 자랑한다. 조금만 눈을 돌려보라. 울창한 산과 숲, 맑은 강과 호수, 사계절의 다채로운 아름다움이 펼쳐지는 한국의 자연은 그 자체로 전 세계 관광객들에게 깊은 인상을 남긴다. 특히 서울은 한옥과 같은 전통적인 건축물이 초현대적인 고층 빌딩과 나란히 서 있는 독특한 풍경으로 특별한 시각적 경험을 제공하며 세계인의 이목을 끌고 있다. 2024년 서울에서 개최된 국제경영학회[AIB] 개최지 선정 과정에서도 이런 요인이 크게 작용했다고 전해진다. 서울, 도쿄, 상하이가 개최지를 놓고 경쟁했는데, 행사에 참석하는 교수들이 서울에 오고 싶어 하는 부인과 딸의 성화에 못 이겨 서울에 표를 던졌다는 후문이다. 실제로 2023년까지 1,000명 수준이던 참석 인원이 서울에서 열린 2024년에는 1,600여 명으로 크게 증가한 것이 이를 방증한다.

2023년 세계경제포럼[WEF]이 발표한 관광발전지수 순위에서 한국은 117개국 중 14위를 기록하며 관광 경쟁력 측면에서도 우수한 평가를 받았고, 최근 해외 여행객들이 선호하는 여행지 순위에서 늘 상위권을 유지하고 있다. 그러니 한국이 아름다운 나라라는 사실은 이제 더 이상 논란의 대상이 될 수 없다.

두 번째 조건은 그 나라에 사는 사람이 아름다워야 한다는 것이다. 한국 여성이 아름답다는 평가를 받는 건 어제오늘 일이 아니다. 세계적으로 한국 여성은 섬세하고 우아한 미적 감각

에필로그

을 갖춘 것으로 평가받는다. 이는 단순히 외모만의 이야기는 아니라 자신을 가꾸고 표현하는 방식에서 비롯된다. 한국 여성의 스킨케어 루틴은 이제 전 세계적인 미의 기준이 되었다.

스타일이 좋을 뿐 아니라 패션 트렌드가 세계에서 가장 빠르게 바뀌는 나라가 바로 대한민국이다. 이젠 여성은 물론이고 대한민국 남성의 멋진 외모에 대해서도 세계가 주목하기 시작했다. 트렌디하면서도 깐깐한 한국의 소비자들은 화장품 기업이 혁신적인 제품을 개발하도록 하는 원동력이라는 사실은 말할 필요도 없다.

마지막으로, 나라 이름에 '뷰티'를 붙일 수 있으려면 아름다운 사람들이 사용하는 제품이 아름다워야 한다. 아름다운 자연, 아름다운 사람을 가진 나라는 많다. 하지만 아름다운 제품까지 가진 나라는 드물다. 그런데 한국은 아름다운 제품마저 가졌다. 한국 화장품은 그 품질과 혁신성에서 단연 세계를 리드하고 있다. 합리적인 가격과 고급스러운 품질로 높은 신뢰를 얻고 있으며, 특히 혁신적인 포뮬러와 독창적인 패키지 디자인은 소비자들에게 감각적인 즐거움을 제공한다. 이는 글로벌 시장에서 경쟁력을 유지하는 핵심 요소로 작용하고 있다.

K-뷰티가 그 명성을 이어가려면 당연히 이 세 가지 조건이 유지돼야 한다. K-뷰티 열풍이 쉽게 사그라지지 않을 것으로 보

는 이유가 바로 여기에 있다. 아름다운 자연, 아름다운 사람, 아름다운 제품은 쉽게 사라질 수 없다. 쉽게 만들어진 것이 아니기 때문이다. 아름다운 자연도, 아름다운 사람도 하루아침에 만들어지지 않는다. K-뷰티의 명성도 한두 개 기업이 이뤄낸 것이 아니다. 화장품 산업이 대한민국 땅에 뿌리를 내린 이후 지난 수십 년간 수많은 기업가와 혁신가들이 함께 이뤄낸 성취다. 더욱이 지금 전 세계 문화의 흐름을 이끌고 있는 K-컬처가 든든하게 K-뷰티를 뒷받침하고 있다. 특히 전 세계의 MZ세대가 한국 화장품에 빠져드는 모습은 K-뷰티가 오래갈 것을 예상케 한다.

아마도 '뷰티'라는 수식어에 가장 잘 어울리는 나라는 프랑스일 것이다. 미국과 중국이 패권 다툼을 벌이고 있지만, 미국과 중국이라는 이름 앞에 '뷰티'라는 단어를 붙이기는 어쩐지 썩 내키지 않는다. 같은 유럽에서도 독일은 기술 중심 국가라는 이미지가 강하고, 이탈리아는 프랑스와 결이 비슷하지만 화장품 산업 세계 1위를 자랑하는 프랑스에 대적할 바는 아니다.

특히 프랑스의 파리는 예술과 패션의 중심지로서 전 세계 예술가들을 매혹한다. 예술적 자유와 창의성을 존중하는 파리는 전 세계로부터 예술가들을 불러들여 여유롭게 창작할 수 있는 환경을 만들어 자신의 도시를 아름답게 꾸미도록 했다. 수많은 예술가와 창작자들이 파리에서 다양한 스타일과 기법을 배우며 영감을 받는다. 파리는 그 자체로 한 편의 예술작품이자 아름다운 이야기가 담긴 도시다.

파리가 예술의 중심지가 된 것은 단순한 우연이 아니다. 왕실의 후원, 혁신적인 예술 운동, 자유로운 창작 환경이 맞물리면서 수 세기 동안 자연스럽게 형성된 것이다. 프랑스의 소설가 마르셀 프루스트Marcel Proust는 이렇게 말했다.

"예술은 그 한 편 한 편이 저마다의 세계이기에 예술가들이 많을수록 우리는 그만큼 다양한 세계를 볼 수 있다."

그의 말은 이렇게 바꿔볼 수 있겠다.

"K-뷰티 기업은 그 하나하나가 저마다의 세계이기에 기업이 많을수록 우리는 그만큼 다양한 화장품의 세계를 경험할 수 있다."

K-뷰티에 해가 지지 않을 거라는 주장은 막연한 희망이나 섣부른 기대가 아니다. 몇 명의 예술가가 파리를 아름다운 도시로 만든 것이 아니듯, K-뷰티의 명성 또한 한두 기업에 의해 만들어진 것이 아니다. 한국 화장품 산업은 다른 산업과는 다른 독특한 생태계를 지니고 있다. 자동차나 반도체 산업처럼 소수의 대기업이 멱살잡이하듯 이끌어온 시장이 아니다. 오늘날의 K-뷰티가 있기까지 대기업이 앞에서 이끌고 수많은 중소기

업과 스타트업이 경쟁하고 때로 협력하며 키워온 산업이다. 브랜드는 물론이고 소재 기업, 원료 기업, 부자재 기업, 패키지 기업, 온오프라인 유통 기업과 인플루언서, 그리고 코스맥스와 같은 ODM 기업이 함께 일군 시장이다.

수많은 무명의 거리 예술가들이 파리를 아름다움으로 물들이듯, 지금도 K-뷰티엔 창의적인 아이디어를 가진 창업자들이 끊임없이 혁신을 수혈한다. 개방성과 유연성에 디지털 활용력까지 갖춘 이들은 K-뷰티의 탄탄한 생태계 안에서 다른 창업가들과 아이디어를 공유하며 영민하게 성장의 기회를 찾고 있다. 물론 이들 중 성공하는 이보다 실패하는 이가 더 많은 것이 사실이다. 하지만 성공과 실패의 수많은 경험치가 쌓여 K-뷰티의 명성을 만들었다.

코스맥스는 프랑스를 넘어 한국이 세계 1위의 화장품 국가로 전 세계에 우뚝 서는 그날을 꿈꾼다. 그리고 이 원대한 꿈이 그저 꿈으로만 그치지 않을 것이라고 감히 기대한다.

33년간 한국 화장품 시장의 중심에 서 있었던 코스맥스는 자부심과 함께 책임감을 동시에 느끼고 있다. 아름다운 제품을 만들어내는 여정은 곧 K-뷰티의 지속적인 성장과 번영을 위한 것이라는 점을 코스맥스 구성원들은 늘 가슴에 품고 있다. 어려움을 기회로 만들고, 고객을 최우선 가치로 두었기에 코스맥스는 지금과 같은 성장을 이룰 수 있었다. 대기업이든 중소기업이든 1인 기업이든 코스맥스에겐 모두 다 소중한 파트너다.

앞으로도 코스맥스는 고객사와 소비자, 그리고 화장품 산업 전체에 변함없는 가치를 제공하며 K-뷰티의 미래를 밝히는 등불이 되고자 한다. 누구든 이 가치 있고 신나는 여정에 동참하고 싶다면 언제든 두 팔 벌려 환영한다. 당신이 필요한 순간, 코스맥스는 언제나 함께할 준비가 돼 있다.

코스맥스는 당신과 같은 꿈을 꾸고 싶다. 당신의 열망을 꽃피우고, 세계가 당신을 바라보는 그 순간을 함께 그려나가고 싶다. 이제 당신이 주인공이다.

Yes, You!
We are
COSMAX!

지금
같은 꿈을 꾸고 싶다

이경수

새해 새 아침 눈을 떴다.
어두운 밤의 꿈을 꾸는 동안
해는 중천에 떠올랐고
내 주위 구석구석을 비춰주고 있다.

밤의 꿈은 잊고 싶다.
벌써 기억에서 사라졌다.
찬란한 햇살을 받으며
낮의 꿈을 꾸고 싶다.

우리가 모시고 싶은 사람과
우리와 오래 같이 한 사람과
우리의 가까운 사람과
저 찬란한 햇빛 속에서

같이 꿈을 꾸고
같이 가꾸어 가고
같이 열매를 맺게 하고 싶다.

먼 훗날을 얘기하는 것이 아니라
지금 이 순간
같은 꿈을 꾸고 싶다.

Beautify the World with COSMAX
코스맥스가 기록한 도전과 혁신의 연대기

1992 — 회사 설립

1994 — 최초 제품
나드리 '이노센스 트윈케이크' 생산

> "코스맥스는 제품이 아닌 작품을 만들어내는 것 같다. 제품 하나하나가 독창적이다."
> • 크리스찬디올 임원

1997 — 매출 100억 원 달성

2004 — 한국 ODM 업계 최초로 중국 시장 진출

> "제품 가격을 최고 99위안 이하로 낮추면서 품질을 높였다. 코스맥스의 전폭적인 지원이 있었기에 가능했다."
> • 진자충 우찬고우 동사장

2008 — 매출 1,000억 원 달성

2012 — 한국 화장품 업계 최초 인도네시아 공장 설립

> "친구가 되려면 세 가지가 갖춰져야 한다. 하나는 서로 신뢰해야 한다. 둘은 서로 도움을 주는 위치에 있어야 한다. 셋은 문제가 생겼을 때 같이 해결하는 자세가 중요하다. 그래서 로레알과 코스맥스는 친구다."
> • 인도네시아 공장 준공식에서 로레알 아세아 생산운영 최고책임자

2013 — 한국 화장품 업계 최초 미국 공장 설립

> "코스맥스는 왜 미국에 진출하려고 하나? '한국에는 호랑이를 잡으려면 호랑이 굴에 들어가야 한다'는 속담이 있다. 세계에서 가장 큰 시장인 미국에서 성공해야 진정한 글로벌이 가능하다고 생각했기 때문이다."

2014 — 로레알 전 세계 5대 벤더 선정

> "코스맥스는 혁신적이고 고품질의 제품을 가장 먼저 공급할 수 있게 해주었다. 코스맥스와 일하는 것은 언제나 즐거움이다. 코스맥스는 새로운 기준을 만들었다."
> • 로레알 미국 솔론 공장 인수 최종 결정회에서 로레알 아웃소싱 최고책임자 스틸라 Stila

2015 — 글로벌 화장품 ODM 1위 등극

2016 — 매출 1조 원 달성

미국 FDA OTC 인증 획득

《매경이코노미》 선정 100대 CEO에 이경수 회장 선정

> "코스맥스와 거래하는 건 행복하다. 코스맥스는 판타스틱 파트너다."
> • 로레알 생산운영 최고책임자

2019 — 매출 2조 원 달성

세계 최초 항노화 스킨 마이크로바이옴 화장품 개발

2021 — 중국에서 업계 최초 월 6,800만 개 생산

2023 — 맞춤형 팔레트 디바이스로 CES 2023 혁신상 수상

> "지금 세계에서 혁신 제품이 한국에서 가장 많이 나온다. 그 중심에 코스맥스가 있다."
> • 에스티로더 생산운영 총책임자

2024 — 매출 3조 원 달성

코스모프로프 볼로냐 2024 혁신기술상 수상

· 참고 문헌 ·

Prologue

한국무역협회, 〈Kmall24 이용 해외 소비자 인식 조사〉, 2019

PART 1
코스맥스만이 하는 일

• **BTS, 코스맥스, 오징어 게임**

아마존 '프로젝트 K-뷰티 고 빅'(한국무역협회 보도자료)
https://m.kita.net/board/totalTradeNews/totalTradeNewsDetail.do;JSESSIONID_KITA=CA23253C9651FA5026DDFFD9E27B8793.Hyper?no=84610&siteId=1

영국《가디언》의 K-뷰티 보도(가디언 홈페이지)
https://www.theguardian.com/business/2024/sep/27/promise-of-glass-skin-drives-surge-in-sales-of-k-beauty-products-in-uk?utm_source=chatgpt.com

2023년 화장품 수출 실적(식품의약품안전처 보도자료)
https://www.mfds.go.kr/brd/m_99/view.do?seq=48279&srchFr=&srchTo=&srchWord=%ED%99%94%EC%9E%A5%ED%92%88+%EC%88%98%EC%B6%9C&srchTp=0&itm_seq_1=0&itm_seq_2=0&multi_itm_seq=0&company_cd=&company_nm=&Data_stts_gubun=C9999&Data_stts=A&page=1

• **고객사의 성장이 곧 코스맥스의 성장**

이홍,《초월적 가치경영》, 더숲, 2016
제임스 H. 길모어, 조지프 파인,《진정성의 힘》, 21세기북스, 2020
필립 코틀러,《마켓 3.0》, 타임비즈, 2010

PART 2
코스맥스 1.0

• 원브랜드숍이 몰고 온 변화

더페이스샵 100호점 돌파(언론 보도)
https://n.news.naver.com/mnews/article/004/0000062156?sid=101
https://n.news.naver.com/mnews/article/020/0000275641?sid=101

• 세계 최고 연구소의 꿈

이경수 회장 서울대학교 경영대학 최고경영자 과정 특강 보도자료(언론 보도)
https://www.edaily.co.kr/News/Read?newsId=01295606625830912&mediaCodeNo=257&OutLnkChk=Y

• 제조사에서 판타스틱 파트너가 되기까지

쿠션 브랜드 평판 입생로랑 1위(한국기업평판연구소 보고서, 2024)
https://brikorea.com/bbs/board.php?bo_table=rep_1&wr_id=4036

PART 3
코스맥스 2.0

• 중국에서 엇갈린 운명

올리브영 매장 외국인 매출 비중 90%(언론 보도)
https://www.mk.co.kr/news/business/11037496

• 상하이에서 시작된 코스맥스의 질주

클레이턴 크리스텐슨, 《혁신 기업의 딜레마》, 세종서적, 2020

• 함께 걷는 성장의 길

이셴 황진평 대표의 코멘트(언론 보도)
https://www.mk.co.kr/news/business/10806889

• 위기에서 빛난 신뢰의 힘

코로나19 위기 때 국내 화장품 시장 축소(미 상무부 국제무역청 자료)
https://www.trade.gov/country-commercial-guides/south-korea-cosmetics

- 100조 중국 시장 1위의 비결

2023년 중국 화장품 시장 규모(중국전문가포럼 홈페이지)
https://csf.kiep.go.kr/studyReportView.es?article_id=53250&mid=a20300000000&utm_source=chatgpt.com

- 떠나는 자와 남는 자, 코스맥스의 선택은 '확장'

유니레버 카버코리아 인수(언론 보도)
https://www.investchosun.com/site/data/html_dir/2017/11/02/2017110286007.html

로레알 스타일난다 인수(언론 보도)
https://www.sedaily.com/NewsView/1S0W83W9R4

에스티로더 닥터자르트 인수(언론 보도)
https://www.edaily.co.kr/News/Read?newsId=04116406622687032&mediaCodeNo=257&OutLnkChk=Y

중국 화장품 시장 현지 브랜드 개수 5,200개(코스맥스 직원 인터뷰 기사)
https://blog.naver.com/qkrdpdls58/223644873663

- 비전과 가치를 공유하는 '원 코스맥스'

에이브러햄 매슬로, 《매슬로의 동기이론》, 유엑스리뷰, 2018

데이비드 록 '뉴로리더십'(뉴로리더십 연구소 공식 홈페이지)
https://www.davidrock.net/publications/?utm_source=chatgpt.com

참고 문헌

PART 4
코스맥스 3.0

- **진격의 인디 브랜드**

2023년 화장품 수출액 최고치 기록 경신(식품의약품안전처 보도자료)
https://www.mfds.go.kr/brd/m_99/view.do?seq=48798

화장품 중소기업 수출 동향(중소벤처기업부 발표 자료)
https://post.naver.com/viewer/postView.naver?volumeNo=38691613&memberNo=60058666&vType=VERTICAL

매출 1,000억 원 이상의 '메가 인디 브랜드' 명단(언론 보도)
https://www.mk.co.kr/news/economy/11130557

아모레퍼시픽, LG생활건강 매출 하락 수치(언론 보도)
http://www.financialreview.co.kr/news/articleView.html?idxno=27271

올리브영 세일 상위 10위 상품 전체가 중소기업(CJ올리브영 공식 보도자료)
https://corp.oliveyoung.com/ko/news/7?pg=3&category=PR

아마존 프라임 데이 실적(언론 보도)
https://www.hankyung.com/article/2024080159251

롬앤-로손 파트너십(언론 보도)
https://www.hankookilbo.com/News/Read/A2024052415060002424?did=NA

마녀공장 코스트코 300군데 입점(언론 보도)
https://www.seoulfn.com/news/articleView.html?idxno=527933

- **K-뷰티 밸류 체인의 힘**

미스달시 티르티르 쇼츠 링크
https://www.youtube.com/@MissDarcei/shorts
2025년 6월 2일 기준 6,301만 회

티르티르 '마스크 핏 레드 쿠션' 1,700만 개 판매 돌파(언론 보도)
https://www.donga.com/news/article/all/20240725/126108003/1

삼성증권, 〈한국 인디 뷰티의 필연적 성장과 그 구조적 수혜주들〉, 2024(보고서)
https://www.hanaroetf.com/_upload/public/fund-content/0vjPrDkg38ieMRqi/M8H8O9C3twKrXkCl.pdf?utm_source=chatgpt.com

・ 혁신을 이끄는 속도와 유연성

스테판 올랜더·아자드 아메드, 《벨로시티》, 시드페이퍼, 2013
에릭 리스, 《린 스타트업》, 인사이트, 2012

・ 연구개발이 아닌 연구혁신

롬앤 2023년 일본 최대 뷰티 사이트 앳코스메 선정 쿠션 부분 1위(언론 보도)
https://post.naver.com/viewer/postView.naver?volumeNo=38248780&memberNo=29742322&vType=VERTICAL

마데카 크림 누적 6,000만 개 달성(동국제약 홈페이지 보도자료)
https://www.dkpharm.co.kr/boards/view.php?btype=news&idx=878

・ 글로벌 뷰티 기술의 중심으로

글로벌 마스카라 시장 규모(글로벌 시장조사 기관 Verified Market Reports)
https://www.verifiedmarketreports.com/product/global-mascara-market-growth-2019-2024/

글로벌 페이스 크림 시장 규모(글로벌 시장조사 기관 Verified Market Reports)
https://www.verifiedmarketreports.com/product/face-cream-market/

2023년 화장품 등록 업체 현황(피부기반기술개발사업단 자료, 식약처 자료 분석)
http://www.ncrkorea.kr/bbs/board.php?bo_table=sub0501&wr_id=7

한섬 화장품 사업 진출 주가 상승(언론 보도)
https://plus.hankyung.com/apps/newsinside.view?aid=2020060235661&sns=y

참고 문헌

- **개인 맞춤형 화장품 시대**

식품의약품안전처, 〈맞춤형 화장품 세계 시장동향 조사분석 자료집〉, 2022
https://www.mfds.go.kr/brd/m_218/view.do?company_cd=&company_nm=&itm_seq_1=0&itm_seq_2=0&multi_itm_seq=0&page=1&seq=33455&srchFr=&srchTo=&srchTp=&srchWord=&utm_source=chatgpt.com

CJ온스타일 설문조사 자료(언론 보도)
https://biz.newdaily.co.kr/site/data/html/2021/10/27/2021102700262.html

조르주 바타유, 《저주받은 몫》, 문학동네, 2022

스마트 조색 AI 시스템 관련 기업 사례: 레어 뷰티, 펜티 뷰티(언론 보도)
https://www.wowtv.co.kr/NewsCenter/News/Read?articleId=2024090850681

- **K-뷰티 넥스트 10년 플랜**

세계경제포럼 관광발전지수 14위(언론 보도)
https://www.seoul.co.kr/news/life/2024/05/27/20240527500120?utm_source=chatgpt.com

K-BEAUTY
같이 꿈을 꾸고 싶다

제1판 1쇄 발행 | 2025년 9월 10일
제1판 4쇄 발행 | 2025년 9월 27일

지은이 | 코스맥스·이경수
펴낸이 | 하영춘
펴낸곳 | 한국경제신문 한경BP
출판본부장 | 이선정
편집주간 | 김동욱
원고정리 | 임숙경
외부기획 | 이진아 콘텐츠컬렉션
외부디자인 | 이윤임
책임편집 | 윤효진
교정교열 | 김문숙
저작권 | 백상아
홍보마케팅 | 김규형·서은실·이여진·박도현
디자인 | 이승욱·권석중

주   소 | 서울특별시 중구 청파로 463
기획편집부 | 02-360-4556, 4584
홍보마케팅부 | 02-360-4595, 4562   FAX | 02-360-4837
H | http://bp.hankyung.com   E | bp@hankyung.com
F | www.facebook.com/hankyungbp
등   록 | 제 2-315(1967. 5. 15)

ISBN 978-89-475-0192-7 03320

책값은 뒤표지에 있습니다.
잘못 만들어진 책은 구입처에서 바꿔드립니다.

K-뷰티, 이제 당신이 주인공이다.